Дерек Принс

ЗАЩИТА ОТ ОБОЛЬЩЕНИЯ ЧТО ЕСТЬ ИСТИНА

**КНИГИ ДЕРЕКА ПРИНСА
переведенные на русский язык**

Наименование:

Библейское лидерство: Наблюдайте за собой / Что значит быть мужем Божьим?

Библия, философия и сверхъестественное

Благая Весть Царства

Благодарение, хвала и поклонение

Благодать уступчивости (Благодать повиновения)

Благословение или проклятье: тебе выбирать!

Бог — Автор брачных союзов

Бог написал сценарий твоей жизни

Божий план для твоих денег

Божье лекарство от отверженности

Вера, которой жив будешь (Вера как образ жизни)

Вехи моей жизни / Уверенность в Божьем избрании

Влияние на историю через пост и молитву

Война в небесах

Входя в Божье присутствие

Духовная война

Если вы желаете самого лучшего Божьего

Завет

Защита от обольщения / Что есть истина?

Искупление

Как быть водимым Духом Святым

Как найти план Божий для своей жизни

Как правильно поститься
Как применять кровь Иисуса
Как слышать голос Божий
Крещение в Святом Духе
Кто позаботится о сиротах, бедных и угнетенных?
Люцифер разоблаченный
Мужья и отцы
Мы будем изгонять бесов
Наш долг Израилю
Обмен на кресте
Отцовство
Погребение посредством крещения
Последнее слово на Ближнем Востоке
Пособие для самостоятельного изучения Библии
Пророческий путеводитель Последнего Времени
Путь ввех — путь вниз
Путь посвящения
Пятигранное служение
Расточительная любовь
Сборник №1: Первое поприще / Колдовство — враг общества №1 / Чужой епископ
Сборник №2: Духовная слепота: причина и лечение / Как проверять необычные проявления / Хлебопреломление
Святой Дух в тебе
Святость
Сила провозглашения
Согласиться с Богом
Струны арфы Давида
Судить: где? когда? Почему?
Твердое основание христианской жизни
Уверенность в Божьем избрании
Церковь Божья
Шум в церкви

Дерек Принс

Защита от обольщения
Что есть истина

Пробираясь через минное поле чудес и знамений

2011

Все выдержки из Нового и Ветхого Заветов
(кроме отмеченных особо) взяты из
Синодального перевода Библии на русский язык.

PROTECTION FROM DECEPTION / WHAT IS TRUTH?
Derek Prince

Derek Prince Ministries – International
P.O.Box 19501
Charlotte, NC 28219-9501
USA

All rights reserved © 1996 by Derek Prince Ministries–International

ЗАЩИТА ОТ ОБОЛЬЩЕНИЯ / ЧТО ЕСТЬ ИСТИНА?
Дерек Принс

Переведено и издано
Служением Дерека Принса на русском языке
Translation and publication by Derek Prince Ministries – Russia

Вы можете написать нам по адресу:
Служение Дерека Принса
а/я 72
Санкт-Петербург
191123
Россия

Служение Дерека Принса
а/я 3
Москва
107113
Россия

Все права защищены © 2009 Служением Дерека Принса на русском языке
All rights reserved © 2009 by Derek Prince Ministries – Russia

ISBN: 978-1-78263-060-9 (англ.)

Вы можете обратиться к нам через интернет:
info@derekprince.ru

или посетить нашу страницу:
www.derekprince.ru

СОДЕРЖАНИЕ

ЧАСТЬ 1: ДАВАЙТЕ ПОЧИТАТЬ БОЖИЙ СВЯТОЙ ДУХ 6
Чудеса и знамения не являются показателем истины 6
Смешивание производит смятение и разделение 14
Распознание Святого Духа 23

ЧАСТЬ 2: ЗЕМНОЕ, ДУШЕВНОЕ, БЕСОВСКОЕ 41
Понимание человеческой личности ... 41
От бунта к спасению 45
Различие между душой и духом 52
От земного к душевному, а затем к бесовскому 56
Существует ли способ защитить себя? 68
Пять движений, пришедших в заблуждение 71

ЧАСТЬ 3: ЧЕТЫРЕ ЗАЩИТЫ 81
Защита №1 81
Защита №2 83
Защита №3 89
Защита №4 95

ЭПИЛОГ: ЧТО ЕСТЬ ИСТИНА? 104
Повстречавший Истину 104
Иисус есть Истина 110
Божье Слово есть Истина 117
Дух Истины 125
Как мы должны реагировать на истину? 133

Об авторе 142

ЧАСТЬ 1

ДАВАЙТЕ ПОЧИТАТЬ БОЖИЙ СВЯТОЙ ДУХ

В первой части этой книги, я попытаюсь подвергнуть анализу проблему, возникшую во многих регионах мира в различных частях Церкви. Во второй части я постараюсь проследить причину появления этой проблемы. И в третьей части мы рассмотрим способы защиты от возникновения этой проблемы.

ЧУДЕСА И ЗНАМЕНИЯ НЕ ЯВЛЯЮТСЯ ПОКАЗАТЕЛЕМ ИСТИНЫ

В последние годы по произошел повсеместный взрыв проявлений, содержащих чудеса и знамения. Часть из них были Библейскими и полезными. Другие же были эксцентричными, странными и не Библейскими. Чудеса и знамения не являются чем-то новым. Мы находим их описание в Библии и в различные периоды истории Церкви. Однако сегодняшний взрыв духовных проявлений имеет беспрецедентный размах, выходя за пределы какой-либо отдельной церкви или деноминации, и привлек широкое внимание как в религиозных кругах, так и в средствах массовой информации.

Хочу внести ясность: я не имею личного предубеждения или беспокойства относительно необычным сверхъестественных проявлениям. На самом деле, в своей жизни я имел достаточное количество подобных переживаний. Они не пугают меня, и я не имею к ним негативного отношения.

Как я уже писал в моих книгах, моя личная встреча с Иисусом произошла очень необычным образом. Это произошло во время Второй Мировой войны. Посреди ночи в армейском бараке я провел более часа на полу, лежа на спине, когда мое тело сначала содрогалось от рыданий, которые исходили откуда-то из глубины меня, а затем меня наполнили потоки смеха, которые становились все громче и громче. На следующее утро я обнаружил себя совершенно другим человеком, измененным не в результате акта моей воли, но благодаря сверхъестественной силе, прошедшей через меня. Впоследствии я просмотрел различные места Библии, где говорится о смехе. К моему удивлению я обнаружил, что смех — для Божьего народа — это, в первую очередь, не реакция на нечто забавное (как мы часто думаем о смехе), но выражение триумфа над нашими врагами. В результате сверхъестественного переживания, которое произошло со мной в ту ночь в армейском бараке, я стал посвященным христианином и являюсь им на протяжении уже более 55 лет.

Позже, когда я нес пастырское служение в Лондоне, наша община проводила молитвенное собрание на последнем этаже четырехэтажного здания. Однажды вечером один хромой мужчина был чудесным образом исцелен. Он тут же отбросил в сторону свои костыли. Мы все начали восклицать, прославляя Бога. И внезапно здание содрогнулось и какое-то время ощутимым образом тряслось от силы Божьей. Я сразу вспомнил, что нечто подобное было описано в истории Ранней церкви в книге Деяний 4:31:

> *И, по молитве их, поколебалось место, где они были собраны, и исполнились все Духа Святого, и говорили слово Божие с дерзновением.*

В то время наша община проводила по несколько евангелизационных собраний в неделю на улицах Лондона, и мы нуждались в чем-то большем, чем наше естественное дерзновении.

Но, имея дело с любого рода проявлениями, я всегда ищу ответ на два вопроса. Первый вопрос: *Проявление ли это Божьего Святого Духа или это проявление, пришедшее из какого-то другого источника?* Второй (и он связан с первым): *Действительно ли это проявление соответствует Писанию?*

Во Втором послании к Тимофею 3:16 Павел говорит, что *«все Писание богодухновенно»*. Другими словами, Дух Святой является Автором всего Писания, и Он никогда не говорит и не делает чего-либо в противоречие Самому Себе. Каждое истинное проявление Духа Святого будет определенным образом гармонировать с Писанием.

Теперь мне бы хотелось обратиться к особым предостережениям Господа Иисуса, относящимся к тому времени, в которое (как я верю) мы живем. Это предостережения от обольщения. Они записаны в Евангелии от Матфея 24:4-5,11,24. Заметьте, четыре раза в одной главе Иисус особенным образом предостерегает нас от обольщения в этот период конца века.

Сначала Иисус говорит о событиях, предшествующих Его возвращению. Итак, Евангелие от Матфея 24:4-5,11,24:

...Берегитесь, чтобы кто не прельстил вас, ибо многие придут под именем Моим, и будут говорить: "я Христос (Мессия)", и многих прельстят.

...И многие лжепророки восстанут, и прельстят многих...

...Ибо восстанут лжехристы (лжемессии) и лжепророки, и дадут великие знамения и чудеса, чтобы прельстить, если возможно, и избранных.

Таким образом, Иисус четыре раза здесь предостерегает нас от обольщения. И всякий, кто не осознает этой опасности или поверхностно относится к ней, подвергает риску свою собственную душу.

Величайшей и единственной в своем роде опасностью является не опасность болезни, нищеты или преследований. Это опасность обольщения. И если кто-либо заявляет: *"Это никогда не случится со мной"* — то с ним это уже произошло, потому что такой человек утверждает, что это не может произойти, тогда как Иисус предупреждает об обратном. И это уже само по себе достаточное свидетельство того, что этот человек обольщен.

Мне бы хотелось сказать еще что-то очень важное о чудесах и знамениях. Они не являются показателем истинности. И очень важно осознать это. Чудеса и знамения не являются решающим аргументом в вопросе истины!

Истина уже установлена и подтверждена — это Слово Божье. В Евангелии от Иоанна 17:17 Иисус молится Отцу и говорит:

...Слово Твое есть истина.

В Псалме 118:89 сказано:

Навеки, Господи, слово Твое утверждено на небесах.

Ничто происходящее на земле не может изменить ни малейшей черточки или буквы в Слове Божьем. Оно навеки утверждено на Небесах.

Библия говорит о чудесах и знамениях. Иногда мы читаем о них хорошее, а иногда можем прочитать пугающие вещи. Мне бы хотелось обратиться ко Второму посланию к Фессалоникийцам 2:9-12:

...Того ("беззаконника" — это титул антихриста)*, которого пришествие, по действию сатаны, будет со всякою силою и знамениями и чудесами ложными, и со всяким неправедным обольщением погибающих за то, что они не приняли любви истины для своего спасения. И за сие пошлет им Бог дей-*

ствие заблуждения (в оригинале: "сильного заблуждения"), *так что они будут верить лжи, да будут осуждены все, не веровавшие истине, но возлюбившие неправду.*

Таким образом, Павел говорит здесь о существовании ложных знамений и чудес. Существуют истинные знамения и существуют ложные. Истинные знамения сопутствуют истине. Ложные — сопутствуют лжи. Сатана способен в полной мере производить сверхъестественные знамения и чудеса. К сожалению, многие христиане имеют такое отношение к происходящему: если что-то происходит сверхъестественное, то это несомненно от Бога. Но для подобных выводов нет никакого Библейского основания. Сатана в совершенстве обладает силой для демонстрации впечатляющих знамений и чудес в подтверждение своей лжи, и причина, почему люди обольщаются, в том, что *они не приняли любви истины для своего спасения.* Таким людям Бог пошлет *действие сильного заблуждения.*

Это одно из наиболее суровых утверждений в Библии. Если *Бог* пошлет вам *сильное заблуждение,* то вы будете обольщены. Полагаю, что это один из наиболее строгих судов Божьих, записанных в Писании, — Бог пошлет этим людям *сильное заблуждение.* Такие люди будут осуждены за то, что они не поверили истине, а возлюбили неправду (в переводе, которым пользуется автор, это звучит так: *«они находили удовольствие в неправде и неправедном»* — примеч. переводчика).

Следовательно, чудеса и знамения — это не гарантия того, что что-либо является истинным. Существует всего лишь один надежный способ узнать истину: истина находится в Слове Божьем. Иисус сказал в Евангелии от Иоанна 8:32:

> *...И познаете истину, и истина сделает вас свободными.*

Нет другого пути, гарантирующего нам, что мы сможем избежать обольщения в это время, кроме как знать и применять истину Божьего Слова.

В 1994 году я впервые имел заочное знакомство с одной из групп, где имели место необычные проявления. Несколько лидеров побывало на их служениях и они вернулись восхищенными, говоря, что пережили нечто восхитительное, и всем нам тоже необходимо пережить это. Они говорили: *"Не исследуйте это. Не пытайтесь осмыслить это. Не подвергайте проверке это. Просто откройтесь и примите это"*. Тогда я начал реально беспокоиться по поводу этих вещей, потому что такое утверждение полностью противоречит Писанию.

В Первом послании к Фессалоникийцам 5:21 Павел говорит христианам:

> *Все испытывайте, хорошего держитесь.*

Таким образом, если мы не испытываем что-то, мы не подчиняемся Писанию, и любой, кто говорит нам не испытывать, сам находится в противоречии с Писанием.

В вопросе истины нам нельзя полагаться на свое сердце. Притчи 28:26 говорят:

> *Кто надеется на себя* (в еврейском оригинале: "на свое сердце"), *тот глуп...*

Поэтому не будьте глупы. Не надейтесь на свое собственное сердце. Не полагайтесь на то, что ваше сердце говорит вам, потому что оно ненадежно. В Книге пророка Иеремии 17:9 сказано так:

> *Лукаво сердце человеческое более всего и крайне испорчено; кто узнает его?*

Это слово *лукаво* на иврите имеет очень интересный смысл. Проживая в 1946 году в Иерусалиме, я посещал занятия в Еврейском Университете и изучал построение и структуру еврейского языка. На одной из лекций профессор, который был ведущим специалистом в этой области, привел в качестве примера этот стих из Книги пророка Иеремии 17:9: *"Лукаво сердце человеческое более всего"*. Он изложил причины, по которым невозможно точно перевести это слово с еврейского на английский язык, поскольку форма слова *лукаво* активна, а не пассивна. Это означает, что ваше сердце не обманывается — не его обманули, а именно оно — ваше сердце, стремится обмануть вас. Поэтому вы не должны слепо доверять ему.

Этот профессор дал очень наглядную картину, описывающую, что значит пытаться найти истину о своем собственном сердце. Это подобно тому, как если бы вы чистили луковицу. Вы снимаете слой за слоем с вашего сердца, но не знаете, когда же достигнете последнего, — и все это время ваши глаза полны слез. Я помню об этом уже пять десятков лет — это яркое, Библейское предостережение о том, насколько глупо полагаться на то, что ваше сердце будет говорить вам правду. *Есть только один надежный источник истины — Священное Писание.*

СМЕШИВАНИЕ ПРОИЗВОДИТ СМЯТЕНИЕ И РАЗДЕЛЕНИЕ

Теперь мне бы хотелось вкратце дать свою оценку происходящему. Моя оценка основывается как на моих личных наблюдениях, так и на верных, как я полагаю, свидетельствах. Мой вывод прост: мы очень часто наблюдаем смешивание духов. Смешивание Святого Духа с действием нечистых духов.

В книге Левит 19:19 Бог предостерегает нас от смешивания. Он против смешения. Бог говорит следующее:

Уставы Мои соблюдайте; скота твоего не своди с иною породою; поля твоего не засевай двумя родами семян; в одежду из разнородных нитей, из шерсти и льна не одевайся.

Итак, Бог предостерегает против трех вещей: 1) смешивания скота с иной породой, 2) смешивания семян, 3) ношения одежды из смешанных тканей.

Можно сопоставить сеяние смешанных семян с проповедью или посланием, которое мы несем людям: когда это частью является истиной, а частью — заблуждением. Ношение смешанной одежды — это образ жизни, который частично соответствует Писанию, а частично — миру. И, наконец, сведение несовместимого (разных пород скота), является прообразом того, когда христианское служение или группа начинает взаимодействовать или соединяться с группой или служением, которые не имеют ничего общего с христианством.

Есть нечто характерное для такого смешивания: его продукт всегда *бесплоден*. Например, вы можете скрестить лошадь с ослом и в результате получите мула. Но мул всегда бесплоден, он не способен воспроизводить потомство. *Я думаю, что это является причиной того, почему существует так много бесплодной деятельности в христианском мире — она была рождена в союзе с неправильным партнером.*

Кроме того, что я внимательно изучил это, лично я имел мучительные переживания от такого состояния, как смесь духов. Я обнаружил, что Писание настоятельно предостерегает нас против этого. Например, есть одна личность в Библии, царь Саул, который имел смесь духов. В одно время он пророчествовал в Святом Духе, в другое время он действовал и говорил под демоническим влиянием. Его судьба является предупреждением для нас. Он был царем, правившим в течение сорока лет. Он был победоносным полководцем. Саул имел много достижений. Но смешивание погубило его, и жизнь его окончилась трагически. В последнюю ночь своей жизни он обратился за помощью к ведьме, а на следующий день совершил самоубийство на поле боя. Не правда ли, все это не вдохновляет никого из нас культивировать какое бы то ни было духовное смешивание в нашей жизни.

По моим наблюдениям, смешивание приводит к двум результатам: прежде всего это *смятение* (смущение), и затем — *разделение*. К примеру, наше послание (которое мы проповедуем) частично истинно, и частично ложно. Как правило, у людей это вызовет две реакции. Одни увидят лишь хорошее и сфокусируются на нем, а вместе с ним «проглотят» и плохое. Другие же сосредоточатся на плохом и, поэтому, отбросят и хорошее. Но ни первый, ни второй вариант не является Божьей волей для людей, слушающих наше послание.

Одно время я выполнял служение пастыря. Хотя это было давно, но я помню, что самый трудный разряд людей, с которыми приходилось иметь дело — это люди, которые являлись подобной смесью. Приведу вам небольшой наглядный пример. Скажем, в нашем собрании есть сестра Мария. Однажды на воскресном собрании она выдает прекрасное пророческое послание, и все люди воодушевлены и восхищены. Однако двумя неделями позже она встает и делится откровением, которое она получила во сне. Чем дальше она рассказывает это откровение, тем более путанным и смущающим оно становится. Конечно же, я, как служитель, в конечном итоге должен сказать ей: *"Сестра Мария, благодарю вас, но я не верю, что это от Господа".* Она садится, но этим все не заканчивается.

После служения ко мне подходит сестра Анна и говорит: *"Брат Принс, как вы могли сказать такое сестре Марии? Или вы не помните то прекрасное пророчество, которым она поделилась две недели назад?"* После того, как сестра Анна уходит, ко мне подходит брат Андрей, и вот что он говорит: *"Если все откровения, которые она получает, подобного рода, то я вообще не желаю слушать ее пророчества!"*

Итак, вы видите, что мы получили? Смятение, и как следствие смятения — разделение. Полагаю, что именно это и случается в церквах: *смятение производит разделение.* И действительно — мы наблюдаем огромное разделение! Насколько я понимаю, смятение всегда производит разделение.

Библия не дает нам права снисходительно относиться к вторжению зла вовнутрь церкви. Мы не должны быть пассивными; мы не можем быть нейтральными. В Притчах 8:13 сказано:

Страх Господень — ненавидеть зло.

Идти на компромисс со злом и быть нейтральным по отношению ко злу — это грех. В Евангелии от Иоанна 10:10 Иисус говорит о воре (дьяволе), который приходит для того, чтобы *украсть, убить и погубить.* Мы всегда должны помнить, будь то в нашей личной жизни либо в жизни общины, что дьявол всегда приходит с целью: *украсть, убить и погубить (разрушить и уничтожить).*

Много раз беседуя с людьми, нуждающимися в освобождении от нечистого духа, я говорил: *"Запомни, у дьявола есть три резона остаться в твоей жизни: украсть, убить и погубить. И тебе необходимо противостать ему, не будь нейтральным — ты должен выгнать его"*. И это истинно как для отдельной личности, так и для общины. Это истинно для всего Тела Христова по всему миру.

Некоторые из тех необычных проявлений, которые мы наблюдаем сегодня, сравнивают с необычными проявлениями, которые сопровождали служение Джона Уэсли, Джорджа Уитфильда, Джонатана Эдвардса и Чарльза Финнея. Сверхъестественные проявления, без сомнения, имели место в служении этих людей. Но я лично исследовал этот вопрос, и нашел, что различий намного больше, чем сходств. Позвольте мне обратить ваше внимание на три различия.

Первое отличие: все эти служители *главное ударение делали на сильной проповеди Божьего Слова*. Им трудно было сделать что-то до тех пор, пока они не проповедовали Слово Божье или вообще без проповеди Слова Божьего. Чарльз Финней комментировал свое служение так: *"Как правило, я проповедую час или два"*. Не знаю, как много из современных западных христиан в состоянии слушать двухчасовую проповедь, но именно столько времени Финней проповедовал Слово в его чистоте и в его силе.

Второе различие: все они *делали сильный призыв к покаянию*. Это было первейшим требованием к людям, которым они служили. Некоторые люди называют то, что происходит сегодня *"духовным освежением"*, и ссылаются на Деяния 3:19. Однако там Петр говорит, что *освежение* (в Синод. переводе: *"времена отрады"* — примеч. переводчика) придет в результате покаянию. Для любого иного *духовного освежения*, минующего покаяние, мы не находим никакого основания в Писании.

Третье отличие: необычные проявления, связанные со служением упомянутых выше служителей, *не были результатом возложения рук на людей*. Насколько я знаю, нет ни одного свидетельства этого. Речь не о том, что возлагать руки на людей — такой практики нет в Писании. Возложение рук находится на своем месте, но есть разница: принимают люди что-то для себя напрямую от проповеданного Слова, или просто другие люди возлагают на них свои руки.

Если позволите, я приведу простой пример. Это подобно дождю. Если вы открыты и дождь льет на вас, то вы принимаете дождь непосредственно с неба. Но если дождь собран и хранится в какой-либо емкости, то в этом случае вы не принимаете дождь прямо с неба. Вы должны принимать в расчет цистерну и трубы, через которые вы получаете дождевую воду.

Для меня это очень наглядный пример, потому что мы с моей первой женой Лидией в течение пяти лет жили в Кении в доме, в который вода поступала по трубе из цистерны для сбора дождевой воды, находящейся на крыше. Хотя вода приходила с неба, мы очень быстро убедились на опыте, что если она оставалась в цистерне продолжительное время — в ней заводились черви и, поэтому, нам всегда приходилось кипятить нашу воду для питья. Нет ничего плохого в воде идущего дождя, но что-то случается в канале, через который эта дождевая вода приходит к нам, и она больше не чиста. Я думаю, что это применимо и к возложению рук. Канал не всегда бывает чист.

С недавнего времени некоторые служители перешли от возложения рук к некоторым другим действиям руками — они машут ими или указывают на кого-то руками. Тем не менее, это не меняет факта, что нечто передается через руки. Иначе нет смысла использовать руки вообще. Но важным остается следующий вопрос: *являются ли эти руки чистым каналом, через который может течь только Святой Дух?*

Например, мы с Руфью недавно присутствовали на одном собрании, служители которого глубоко вовлечены в подобное движение. На два ряда впереди нас сидела женщина, которая имела ужасные переживания. Она выглядела так, как будто ее что-то мучает либо ее сейчас вырвет. И это продолжалось снова и снова. Наконец я сказал Руфи: *"Думаю, мы должны попытаться помочь ей".*

В конце концов, не мы были ответственны за это служение, поэтому мы встали, тихо подошли и начали говорить с ней. Мы сразу обнаружили, что она говорит на *"языках"*, но для нас обоих было очевидно, что это были фальшивые *"языки"*; это не были языки, данные Святым Духом. Мы попросили ее исповедать то, что Иисус — Господь, но она была не в состоянии произнести это. Таким образом я заключил, что она имела лживого духа.

Позднее люди, которые приехали с ней, общались с нами и спрашивали нас о том, что с этим делать. Я попытался выяснить у них, что послужило причиной этого. Они ответили: *"Она посетила церковь, которая вовлечена в это движение и кто-то возложил на нее руки, после этого случая это и начало происходить с ней"*. *"Но, — сказали они, — она убеждена, что это от Бога. И мы не можем помочь ей"*. И это лишь один пример *"дождя"*, пришедшего из *"цистерны"*, которая не была чиста.

Далее, в подобных современных движениях делается особое ударение на любовь. Нет сомнения, что любовь — это самое великое, что есть. Но проблема в том, что многие люди не всегда ясно осознают природу истинной любви, которая описана в Новом Завете.

Прежде всего, наша любовь выражается в нашем послушании Господу. Любовь, не ведущая к послушанию, является не-Библейской любовью. В Евангелии от Иоанна 14:15

Иисус сказал Своим ученикам:

Если любите Меня, соблюдите Мои заповеди.

Или точнее: *"То вы будете соблюдать Мои заповеди"*. Другими словами, в чем свидетельство того, что ты любишь Иисуса? Это видно из соблюдения Его заповедей. Затем, в стихе 21, Иисус говорит:

Кто имеет заповеди Мои и соблюдает их, тот любит Меня...

В Первом послании Иоанна 5:3 сказано:

Ибо это есть любовь к Богу, чтобы мы соблюдали заповеди Его...

Следовательно, любой вид любви, не ведущий к послушанию воле Божьей, открытой в Его Слове, не является Библейским видом любви. Это фальшивка, подделка под настоящее.

Затем нам также нужно уяснить то, как Бог выражает Свою любовь к нам. Истинно, Бог — наш Отец, и Он любит нас. Но как Отец, если необходимо, Он готов наказывать нас. В посланиях к семи церквам из книги Откровение, я бы сказал, что состояние Лаодикийской церкви, возможно, наиболее точно отвечает соответствует современной церкви на Западе. И этой церкви Господь говорит в Откровении 3:19:

Кого Я люблю, тех обличаю и наказываю. Итак, будь ревностен и покайся.

Итак, Божья любовь не слащава и не сентиментальна. Она очень практична и честна. Если мы сворачиваем в сторону с Его путей и если мы не послушны, тогда Его любовь выражается в запрете и наказании, и Он повелевает нам покаяться. Опять-таки проблема в том, что люди пытается *получить Божьи обетования, минуя главное условие — покаяние, но это является обольщением.*

Недавно я прочитал следующий комментарий одного британского Библейского учителя:

"Некоторые христиане берут стих "Бог есть любовь" и выворачивают его наизнанку, читая "Любовь есть Бог". Подразумевая то, что ничто не может быть ложным, если это происходит из любви. Но, тем не менее, любая любовь, которая становится между нами и Богом (Божьим Словом), является беззаконной…"

Поэтому любая любовь, которая отвращает нас от послушания Божьему Слову, беззаконна.

РАСПОЗНАНИЕ СВЯТОГО ДУХА

В этом мировом феномене, о котором идет речь, полагаю есть ключевой вопрос, который часто отодвигают на задний план. Действительно, мы очень редко доходим до внимательного рассмотрения этого вопроса. Это вопрос *распознания Святого Духа.* Как мы распознаем Святой Дух? Знаем ли мы каков Святой Дух? Как нам отличить Дух Святой от других духов?

Однажды я прочел высказывание, сделанное одной последовательницей движения *"Нью-Эйдж"*. Она выразилась о *"Нью-Эйдж"* (движение *«Новый Век»*) так: *"Куда придет "дух святой", там будет и "Нью-Эйдж"..."* Уверен, большинство из вас понимает, что говоря о *"святом духе"*, она говорит не о Том Святом Духе, о Котором говорит Библия. Это одно из доказательств, что есть *поддельный или фальшивый "святой дух"*.

Для сатаны демонстрация религиозных подделок не является каким-то новым занятием. История говорит о целой череде лжемессий, восстававших среди еврейского народа. И у всех их были последователи. Некоторые, такие как Саббетай Цви, имели большое и продолжительное влияние. Последний из этих лжемессий умер в 1994 году.

Другая религиозная подделка носит титул "Блаженная Дева Мария". Со всеми описаниями того, что она делает, на что она претендует, и всеми титулами, которые ей были приписаны, эта личность не имеет ничего общего со скромной еврейской девушкой, которая была избрана стать матерью Иисуса, а позже стала матерью Его братьев и сестер. Но, тем не менее, на протяжении столетий эта подделка претендовала на посвящение миллионов искренних христиан.

Нам необходимо быть на страже, чтобы не стать обольщенными такого рода подделкой. Я хочу предложить вам три способа, как можно распознать Дух Святой и узнать, истинно ли это Святой Дух.

Первый способ был описан мной в маленьком буклете *"Шум в Церкви"*. Я просто процитирую несколько отрывков:

Другой опасностью, угрожающей тем, кто служит в сверхъестественной сфере, является искушение использовать духовные дары для манипуляции, управления и доминирования над людьми. В один из периодов моего служения я с удивлением обнаружил, что изгоняю духов колдовства из членов церкви. В конце концов я попросил Господа показать мне истинную природу колдовства. Я верю, Господь дал мне следующее определение: «колдовство — это попытка контролировать людей и заставлять их делать то, что вы хотите, используя иной дух, который не является Святым Духом».

После того, как я переварил это, Господь добавил: «... и если кто-либо имеет дух, которым он может управлять, то это не Святой Дух. Поскольку Святой Дух — это Бог, и никто не может управлять Богом». Это очень важно. Дух Святой — Бог, и никто не может использовать Бога...

Сегодня я внутренне содрогаюсь, когда вижу или слышу человека, заявляющего, что он имеет духовные дары, которые он свободен использовать, как ему вздумается. В действительности, не было случая, когда делающий подобные заявления, не впал впоследствии в серьезные доктринальные заблуждения".

Очень важно увидеть, что есть различие между Самим Святым Духом как Личностью и дарами Святого Духа.

В Послании к Римлянам 11:29 Павел говорит нам, что *"дары... Божьи непреложны"*. Другими словами, если Бог дает дар, то Он никогда не забирает его обратно. Мы можем использовать его, но можем и не использовать его, — целиком в нашей власти даже злоупотреблять им. Но даже если мы злоупотребляем этим даром, Бог не забирает его у нас. Если дар можно забрать назад, то это ненастоящий дар, это можно было бы назвать лишь условным одолжением. (Бог никогда не забирает назад Свои дары, однако имеет полное право судить нас за злоупотребление ими — примеч. редактора.)

Это факт — люди злоупотребляют дарами Святого Духа. Павел недвусмысленно говорит об этом в Первом послании Коринфянам 13:1:

> *Если я говорю языками человеческими и ангельскими, а любви не имею, то я — медь звенящая или кимвал звучащий.*

Явно, что Сам Святой Дух не становится *кимвалом звучащим*. Но дар говорения на языках, когда им злоупотребляют, может стать пустым, бесполезным шумом. К несчастью, это часто происходит в пятидесятнических и харизматических кругах.

Полагаю, что вполне можно злоупотреблять и другими духовными дарами, такими как слово знания или дар исцеления. Это может случиться, когда человек использует духовный дар для достижения результата или рекламы движения, которые не находятся в согласии с волей Божьей. Одним из явных злоупотреблений является извлечение личной выгоды из использования духовного дара.

В такой ситуации нас может защитить способность распознавать Святого Духа как Личность и видеть различие между Ним и Его дарами.

Поэтому первый и наиболее важный факт, относящийся к Святому Духу: *Он является Богом*. И нам надо всегда относиться к Нему как к Богу, и иметь дело с Ним, постоянно помня об этом.

Второй факт о Духе Святом — это то, что Он служит Богу-Отцу и Богу-Сыну. Это чудесное откровение, потому что оно придает такую высокую ценность служению. Сегодня многие люди презирают идею быть слугой. Они считают, что быть слугой — это унизительно и недостойно. Но я думаю, как замечательно то, что служение взяло свое начало не на земле. Оно началось в вечности и в Самом Боге. Святой Дух, являясь Богом, служит Отцу и Сыну. Это не унижает Его и не умаляет Его достоинство, как Бога. Однако, это истина, которую мы должны знать о Нем, которая направляет Его действия и определяет цели, которые Он достигает.

В Евангелии от Иоанна 16:13,14 Иисус дает нам описание служения Святого Духа и Его действий:

Когда же приидет Он, Дух истины, то наставит вас на всякую истину;

ибо не от Себя говорить будет, но будет говорить, что услышит, и будущее возвестит вам. Он прославит Меня, потому что от Моего возьмет и возвестит вам.

Итак, во-первых, Дух Святой не говорит от Себя; у Него нет послания от Самого Себя. Если Иисус предупреждает Своих учеников об этом, разве не стоит обратить на это внимание? Святой Дух лишь передает нам то, что Он слышит от Отца и Сына.

Во-вторых, Его цель не в прославлении Себя Самого, не в привлечении внимания к Себе, но Он постоянно прославляет Иисуса и фокусирует наше внимание на Нем. Это второй очень важный способ распознать Дух Святой.

Теперь я хочу, чтобы вы были внимательны, потому что это может быть для вас революционным утверждением. *Любой дух, который фокусирует внимание на Духе Святом и превозносит Дух Святой — не есть Дух Святой.* Это противоречит Его природе и задаче. Если вы усвоите это, то это откроет ваши глаза на множество вещей, которые происходят в Церкви и которые иначе трудно понять.

Вот простой пример, мы поем прекрасную песню об Отце, Сыне и Духе. Первый куплет обращен к Отцу: *"Прославляем Твое имя по всей земле..."* Второй куплет обращен к Иисусу, Сыну: *"Прославляем Твое имя по всей земле..."* Третий куплет обращен к Духу: *"Про-*

славляем Твое имя по всей земле..." Я люблю петь первые два куплета, но я отказываюсь петь третий куплет, потому что я не верю, что это по Писанию. Святой Дух никогда не прославляет Свое собственное имя. Его задачей является прославление Пославшего Его (невозможно прославлять в Святом Духе Самого Святого Духа — примеч. редактора).

Позвольте мне сделать другое утверждение, которое может удивить вас. Нигде в Писании я не нашел примера молитвы, адресованной Святому Духу. Насколько я знаю, никто и никогда в Писании не молился Святому Духу. Вы, возможно, сделаете лучше, проверив это самостоятельно, но я просмотрел внимательно и не нашел ни одного примера.

Вы вправе спросить: *"Почему так?"* И я дам вам такой ответ: *"Это вопрос Небесного этикета"*. Сегодня так мало уважения к этикету на земле, что мы порой не осознаем, что есть свой этикет на Небесах. Этот этикет касается взаимоотношений *"господин — слуга"*. При таких взаимоотношениях, когда вам необходима помощь слуги, то вы обращаетесь с просьбой не к слуге, но к господину. Вы просите господина сказать своему слуге, что тому делать. Неправильно обращаться к слуге напрямую, когда его господин в состоянии слышать вас.

Я верю, что это Небесный этикет. Когда вы узнаете о взаимоотношениях Святого Духа с Богом-Отцом и Богом-Сыном, то вы начинаете понимать, что мы никогда не даем указания Святому Духу. Когда мы хотим, чтобы Дух Святой произвел что-то, мы направляем нашу просьбу Отцу, либо Сыну.

Исследуя этот вопрос, я нашел место в Книге пророка Иезекииля, которое, на первый взгляд, является исключением. Это часть хорошо известного видения Иезекииля — поля, полного сухих костей. В начале он пророчествует, и эти кости сходятся вместе, но остаются безжизненными скелетами. Затем он говорит в Книге пророка Иезекииля 37:9-10:

> *Тогда сказал Он мне: изреки пророчество духу, изреки пророчество, сын человеческий, и скажи духу: так говорит Господь Бог: от четырех ветров приди, дух, и дохни на этих убитых, и они оживут. И я изрек пророчество, как Он повелел мне, и вошел в них дух, и они ожили, и стали на ноги свои — весьма, весьма великое полчище.*

Таким образом, поскольку дух или ветер — это прообраз Святого Духа, следовательно можно предположить, что Иезекииль молился Духу. Но, на самом деле, Иезекииль не молился — он пророчествовал. Это не пришло от него самого. Он просто передал ветру указание, которое сам принял от Бога. Следовательно, насколько я могу заключить, в Писании нигде нет ни одного примера молитвы, обращенной к Святому Духу.

Я не пытаюсь, исходя из этого, сделать далеко идущие выводы. Но, с другой стороны, я думаю, что все это очень важно для нас, если мы желаем распознать природу и служение Святого Духа. Вы можете сказать мне: *"Хорошо, но разве Бог не слышит нашу молитву, когда мы молимся Святому Духу?"* Я думаю, слышит. Но мы молимся не в полном соответствии с Небесным этикетом. Если мы действительно хотим угодить Господу и показать наше почтение к Нему, мы должны проявить уважение к Его этикету.

Третьим важным фактом о Духе Святом является то, о чем говорит Его имя: *Он — Святой*. Это Его главный титул: Святой Дух. На иврите буквально — *Дух Святости*. Он имеет и множество других имен: например, *Дух Благодати*, *Дух Истины*, *Дух Силы* и так далее. Но все они на втором плане. Его главное имя и титул — Дух Святой. Ничто несвятое не исходит от Святого Духа.

Писание также говорит о красоте святости. И есть красота в святости, когда она исходит от Святого Духа. Красота необязательно внешняя, это может быть внутренняя красота. Например, в Первом послании Петра 3:4 сказано о *сокровенном сердца человеке*, и о *нетленной красоте кроткого и молчаливого духа*, что в глазах Божьих имеет великую ценность. Это не внешняя красота. Это красота внутренняя, которая приходит от Духа Святого. Мне бы хотелось подчеркнуть так сильно, как только возможно, что *ничто несвятое или безобразное не приходит от Святого Духа*.

Позвольте дать вам список из 12-ти прилагательных, которые все, как я верю, не могут быть применены к Святому Духу или тому, что было произведено Святым Духом. Когда вы будете проходить этот список, то я советую вам внимательно проанализировать эти слова и подумать, согласны ли вы со мной. Итак, вот те слова, которые неприменимы к Святому Духу:

самовозвышающий	самоутверждающий
вульгарный	грубый
наигранный	пошлый
бесчувственный	глупый
паясничающий	легкомысленный
деградированный	оболванивающий

В моем сердце есть желание, — если Господу будет угодно и буду жив, — написать когда-нибудь книгу, для которой я уже выбрал название. Название такое: *"Святость не выбирается"*. Только Богу известно, смогу ли я написать эту книгу, но, в любом случае, я хочу сказать, что это название является безусловной истиной. В христианской жизни *святость — это не что-то, что Бог оставил на наше усмотрение*. Многие христиане, судя по всему, относятся к святости, как к чему-то предлагаемому «в нагрузку» к основному. Например, купив автомобиль, клиент может дополнительно заказать кожаный салон вместо стандартного пластикового. Спасение — это основное «приобретение», а вопрос святости остается на ваше усмотрение.

Но это не есть истина! *Святость — это неотъемлемая часть спасения.* В Послании к Евреям 12:14 Павел говорит:

> *Старайтесь иметь мир со всеми и святость, без которой никто не увидит Господа.*

В таком случае о каком спасении без святости может идти речь? Что это за спасение, если оно не даст нам увидеть Господа? Однако *без святости никто не увидит Господа*!

Мы имеем в нашем нынешнем христианстве очень неполную картину спасения. *"Если я был спасен и рожден свыше, то у меня должно быть возникнет желание идти дальше и быть святым. Но я могу поступить так, а могу не поступить — это уже не так важно и оставлено на мое усмотрение".* Хочу сказать вам, что *ваше спасение зависит от вашей святости. А святость приходит лишь от Святого Духа.*

Некоторые современные духовные движения во многом характеризуются тем, что я мог бы показать в качестве примера того, что не свято. Но я упомяну лишь одно — это животное поведение человеческих существ, приписываемое Духу Святому. Есть множество таких примеров, свидетелем некоторых из них я был лично, о других же мне говорили люди, достойные доверия. Прежде всего, нет ни одного места Писания, и я это знаю точно, где бы Дух Святой побуждал человека вести себя подобно животному. Есть пример Валаама, но там разительный контраст.

Бог был причиной того, что Валаамова ослица заговорила подобно человеку, — но Бог не понуждал Валаама реветь ослом!

Был лишь один человек, которого Бог заставил вести себя подобно животному — царь Навуходоносор. Книга пророка Даниила 4:30:

...И отлучен он был от людей, ел траву, как вол, и орошалось тело его росою небесною, так что волосы у него выросли как у льва, и ногти у него — как у птицы.

Но это был суд Божий, а не Его благословение!

Откровение 4:6-8 описывает четырех животных, окружающих престол Божий. Три из них являются представителями животного царства: лев, телец и орел. Но никто из них не издавал звуков, выражающих их животную природу. Все они провозглашали святость Божью в чистой и прекрасной речи.

Важно понимать, что в Божьем творении существует порядок. Человек был сотворен по образу и подобию Бога осуществлять власть над животным царством (см. Быт. 1:26). Человек, фактически, является творением Божьим высшего порядка. Это относится к тому, как Святой Дух благословляет нас. Он поднимает тех, кого Он благословляет. Иногда Он заставит животного поступать некоторым образом подобно человеку. Но Он никогда не поведет человека по пути деградации, заставляя его вести себя подобно животному.

У меня достаточно опыта в данной области, так как я имел дело с бессчетным количеством «животных духов» в Африке. Мне приходит на память одно особое служение освобождения, которое я проводил в Замбии на собрании с семью тысячами африканцев. Когда я закончил учить и начал приказывать злым духам проявить себя и выйти, то стали проявляться самые разные «животные духи». Под «животными духами» я подразумеваю злых, бесовских духов, которые входят в человека и заставляют его вести себя подобно животному.

Сразу же после этого мужчина, имеющий «духа льва», попытался напасть на меня. Но он был остановлен и не смог достичь меня. Вам нужно знать, что причина, почему жители той части Африки имеют так много «животных духов», заключается в том, что многие из них охотники. И там распространено суеверие, что если вы хотите охотиться на животных успешно, то вы должны принять дух животного внутрь себя. Таким образом, люди стремятся принять дух животного, на которого они охотятся. Например, человек, который охотится на львов, принимает «дух льва». Нам пришлось иметь дело с «духами кабанов», которые заставляли людей рыть землю своими носами, подобно тому, как дикий кабан делает это. Было много «змеиных духов». Они находились, в основном, в женщинах, и когда они проявляли себя, то женщины ложились на свои животы и извивались по земле подобно змеям. Всему этому я был свидетелем.

Есть еще один дух, с которым я лично не встречался, но слышал о нем от супружеской пары миссионеров, которые организовали собрание. Позднее я повстречался с той девушкой. Это прекрасная христианка, она работает учителем в школе. Ее муж был охотником на слонов. Когда она пришла к супругам-миссионерам за освобождением, то они почувствовали водительство приказать «духу слона» выйти. Сразу после этого она упала на колени, прошла на четвереньках через комнату, открыла дверь, уперлась лбом в небольшое дерево и стала пытаться повалить его на землю.

Возможно, кто-то из просвещенных западных христиан добродушно заметил бы по этому поводу: *"Наша сестра валит дерево для Иисуса"*, — но это не объяснение. «Дух слона» принуждал ее делать то, что обычно делают слоны — валят деревья своими лбами. С тех пор как она была освобождена от этого духа, у нее больше нет никакого желания валить деревья своим лбом.

На Западе мы порой склонны говорить о жителях Африки, как о людях, не лишенных простоты, и о себе, как о более искушенных во всем. Однако, я думаю, в вопросе «животных духов» это мы, на Западе, — простаки, а африканцы более сведущи в этой сфере. Они живут поколениями с этими духами. И до тех пор, пока Евангелие не придет в силе имени Иисуса и Слова Божьего, они не могут ничего поделать с ними. Слава Богу, что многие из них сейчас знают, как расправиться с этими духами!

Другой пример, о котором стало известно из различных свидетельств, это люди, ведущие себя подобно собакам. Я сам люблю собак, но думаю, что собак необходимо держать в отведенном для них месте. Я не верю, что Дух Святой когда-либо будет причиной того, что кто-то лает или бегает, как собака.

Когда случаются подобные проявления «животных духов», то существуют определенные шаги, которые нам необходимо сделать. Мы не должны терпеть или поощрять подобные проявления или просто «заметать все это под ковер», делая вид, будто ничего не происходит.

В Евангелии от Матфея 12:33 Иисус дает нам такое наставление:

Или признайте дерево хорошим и плод его хорошим; или признайте дерево худым и плод его худым, ибо дерево познается по плоду.

Где есть плохой плод, там есть и плохое дерево, которое произвело его. Недостаточно избавиться от плохого плода. Мы также должны срубить плохое дерево, которое произвело его. Если мы не сделаем этого, то плохое дерево будет продолжать приносить плохие плоды.

Вне всякого сомнения, дерево, которое производит животное поведение подобного рода, является определенной формой оккультных или языческих увлечений. Например, очень часто проявления животного поведения наблюдаются в некоторых частях Африки и Индии.

Чтобы подсечь плохое дерево, требуется чтобы ответственные лидеры выявили проблему, исповедали ее как грех и покаялись в ней. Нигде в Библии нет какого-либо основания предполагать, что Бог простит грехи, которые мы не готовы исповедовать.

Кто-то сказал: *"Исповедание должно охватывать такой же круг (людей), какой был охвачен совершенным преступлением"*. Если лидеры допускали подобные вещи в присутствии людей, то в присутствии этих же людей они и должны исповедать это как грех и отречься от этого. В противном случае вредное влияние будет длиться до тех пор, пока этот корень не будет отсечен.

В заключение я хочу предложить вам небольшую притчу, которая приходит мне на мысль, о моих взаимоотношениях с моей женой. В этой притче моя жена как бы представляет Дух Святой, а я представляю Бога. Пожалуйста, поймите правильно, это всего лишь небольшая притча и я прекрасно осознаю, что Дух Святой — это не жена Бога. Сделав такое вступление, позвольте мне рассказать свою притчу.

Ко мне приходит друг и говорит: *"Я видел тебя вместе с твоей женой на кафедре вчера вечером, и она выглядела так прекрасно, так свежо, настолько исполненной Духа Святого"*. И я отвечаю: *"Спасибо на добром слове. Она действительно такая и есть"*.

Потом, немного позднее, этот же человек приходит ко мне и говорит: *"Ты знаешь, вчера я видел твою жену в баре, пьющей с каким-то мужчиной"*. И я отвечаю: "Это была не моя жена! Моя жена чистая и благочестивая женщина. Она не ходит по барам и не пьет с незнакомцами. Моя жена была вчера вместе со мной весь день. И не говори такого о моей жене!"

Но спустя какое-то время он приходит ко мне опять и заявляет: *"Ты знаешь, вчера я видел твою жену в обнаженном виде загорающей на пляже"*. Его слова рождают у меня настоящий гнев и я говорю ему: *"Послушай, моя жена даже не могла быть рядом с пляжем вчера, кроме того, она никогда не выставляет себя в подобном виде! И, главное, если ты хочешь остаться моим другом, то ты должен усвоить: не пытайся сравнивать этих опустившихся, аморальных женщин с моей женой, потому что это оскорбляет ее и меня. Если ты желаешь остаться моим другом, тебе надо научиться уважительно говорить о моей жене"*.

Суть притчи такова: если вы хотите остаться другом для Бога, вы не можете позволить себе сравнивать Его Дух Святой с чем-то опустившимся или аморальным, или безобразным, или не святым, потому что это немедленно вызывает Божий гнев.

Теперь мы подошли к заключительному месту Писания, которое находится в Евангелии от Матфея 12:31-32. Это слова Иисуса:

Посему говорю вам: всякий грех и хула простятся человекам, а хула на Духа не простится человекам; если кто скажет слово на Сына Человеческого, простится ему; если же кто скажет на Духа Святого, не простится ему ни в сем веке, ни в будущем.

Это очень важное и строгое предупреждение. Мы предупреждены Самим Господом Иисусом, что нам нужно быть очень и очень осторожными, когда мы говорим о Святом Духе, когда мы представляем Дух Святой.

Иисус использовал слово *"богохульство"* или *"хула"*, и я решил заглянуть в мой большой греческий словарь. Основной смысл слова *"хула"*: *"говорить поверхностно (болтать)"* либо *"упоминать некстати святые вещи"*. Таким образом, когда вы говорите легковесно или некстати о Святом Духе, или говорите ложное о характере Святого Духа, то, по определению, вы приближаетесь опасно близко к "хулению Святого Духа".

Если вы делали это, либо были принуждены сделать это, или были заодно с теми, кто поступал так, то я хочу дать вам один чистосердечный совет: *вам необходимо покаяться*. Вам надо решить этот вопрос с Богом раз и навсегда, чтобы никогда больше не быть виновным в дискредитации Божьего Святого Духа. Ибо Дух Святой — свят, и Он — Бог.

ЧАСТЬ 2

ЗЕМНОЕ, ДУШЕВНОЕ, БЕСОВСКОЕ

Наше провозглашение для этой части взято из Первого послания к Фессалоникийцам 5:23-24:

Сам же Бог мира да освятит вас во всей полноте, и ваш дух и душа и тело во всей целости да сохранится без порока в пришествие Господа нашего Иисуса Христа. Верен Призывающий вас, Который и сотворит сие.

В предыдущей части я, насколько смог, проанализировал то, что считаю проблемой. В этой части я намереваюсь проанализировать, согласно Писанию, как эта проблема возникает. Это очень важно, так как подобные проблемы будут продолжать возникать. Мы рассмотрим пять примеров того, как те же проблемы возникали за последние 50 лет. Полагаю, что если мы сможем проанализировать проблему, то следующий шаг — это избежать ее. Поэтому я надеюсь, что говоримое мной является абсолютно практичным.

ПОНИМАНИЕ ЧЕЛОВЕЧЕСКОЙ ЛИЧНОСТИ

Давайте разберем, что представляет собой человеческая личность. В особенности рассмотрим две составляющие человеческой личности. Если мы не понимаем самих себя и того, как мы устроены — мы имеем проблемы. Вся человеческая личность, я верю, раскрыта в стихе, который мы процитировали выше:

Сам же Бог мира да освятит вас во всей полноте, и ваш дух и душа и тело во всей целости да сохранится без порока...

Таким образом, *"вся полнота"* включает наш дух, душу и тело.

В первой главе Бытия говорится, что Бог решил сотворить человека по Своему образу и Своему подобию. *Его образ* относится к Его внешнему виду. Во внешности человека есть нечто, что отражает внешность Бога.

Позвольте здесь заметить следующее: было уместно, что Сын Божий был явлен в виде человека мужского пола. Он не мог прийти в образе быка или жука, потому что именно человеческое существо мужского пола представляет образ или внешний вид Бога. Первое послание Коринфянам 11:7:

Итак, муж не должен покрывать голову, потому что он есть образ и слава Божия...

Другое слово, которое используется, это не *образ*, но *подобие*. Я верю, что *подобие* представляет внутреннюю структуру Бога. Структура Бог троична: Отец, Сын и Дух. В своем *подобии* человек был сотворен троичным существом — дух, душа и тело. Таким образом, человек уникальным образом представляет Бога всему творению, над которым Бог поставил его правителем: как своей внешностью, так и своим внутренним строением. Мы не будем рассматривать внешность, а только внутреннюю структуру человеческой личности, которая троична: дух, душа и тело.

Если мы вернемся к сотворению, то сможем проследить происхождение каждой составляющей. Дух пришел от дыхания Божьего. Когда Бог вдохнул в Адама, — это произвело *дух Адама.* Кстати, слова *дух* и *дыхание* совпадают как на еврейском, так и на греческом языках.

Тело было глиной, принявшей Божественную жизнь. Душа явилась результатом соединения духа и тела. Душа — это та часть нас самих, которая трудна для понимания. Это уникальное, индивидуальное "эго" — часть каждого из нас, которая может сказать: *"я буду"* либо *"я не буду"*. Обычно она определяется как то, что включает в себя волю, интеллект и эмоции. Говоря проще, она выражает себя тремя фразами: *"я хочу"*, *"я думаю"*, *"я чувствую"*. Это сущность души. В жизни тех, кто отрезан от Бога из-за своего греха, — в их жизни доминирует душа. Если вы проанализируете, то обнаружите, что жизнь и поведение естественного человека контролируются этими тремя мотивами: *"я хочу"*, *"я думаю"*, *"я чувствую"*.

Теперь давайте поразмышляем над тем, что случилось с Адамом и Евой вследствие их греха.

Прежде всего, их дух умер. Бог сказал в Бытии 2:17:

...Ибо в день, в который ты вкусишь от него, смертью умрешь.

Физически Адам не умер, он жил еще в течение более чем 900 лет, но он умер духовно в тот самый момент, когда он ослушался Бога. Его душа стала бунтарем. Мы должны усвоить, что каждый потомок Адама, — будь то мужчина или женщина — имеет внутри себя природу бунтаря. Это наша самая большая проблема. По этой причине недостаточно иметь прощение грехов, хотя это прекрасно. Преступник должен умереть, и решение этой части спасения предусмотрено Евангелием.

Позвольте мне привести лишь два отрывка из Послания к Ефесянам, в которых рассматриваются оба состояния. Слова из Послания к Ефесянам 2:1-3 обращены к верующим людям, ожившим во Христе. Павел пишет:

(Оживотворив) *и вас, мертвых по преступлениям и грехам вашим...*

Речь идет не о физической смерти, — они были мертвы духовно, в своих преступлениях и грехах. Но есть новое рождение, которое возвращает их к жизни.

...В которых вы некогда жили, по обычаю мира сего, по воле князя, господствующего в воздухе (сатаны)*, духа, действующего ныне в сынах противления, между которыми и мы все* (что включает и апостола Павла) *жили не-*

*когда по нашим плотским похотям,
исполняя желания плоти и помыслов,
и были по природе чадами гнева, как и
прочие...*

Это описание всего человечества, находящегося в бунте против Бога, и по причине этого — мертвого в своих преступлениях и грехах. Следствием греха является смерть. Дух умирает; душа превращается в преступника, восставая против своего Создателя. Что же происходит с телом? Оно становится (как это называет Библия) *тленным*. Это значит, что оно подвержено болезни, старению и, наконец, смерти. Но, как я уже отметил, физической смерти Адам не видел еще более чем 900 лет. Это была духовная смерть, которую Библия, насколько я понимаю, называет *смертью первой*. Затем Новый Завет говорит о *смерти второй* (см. Откр. 20:6,14), которая является, как я полагаю, окончательным разделением бунтарского духа и души с Богом навечно.

ОТ БУНТА К СПАСЕНИЮ

Затем, что происходит, когда мы приходим к спасению? Что происходит с нашим духом? Он оживает. Мы становимся снова живыми в нашем духе, во Христе. Послание к Ефесянам 2:4-6:

*Бог, богатый милостью, по Своей великой любви, которою возлюбил нас,
и нас, мертвых по преступлениям,
оживотворил со Христом, — благо-*

датью вы спасены, — и воскресил с Ним, и посадил на небесах во Христе Иисусе...

Итак, Бог оживотворил нас. Но это не все, что Он сделал. Мы не будем останавливаться на этом подробно, но Он еще воскресил нас, а затем посадил нас на Небесах. Обо всем этом говорится в прошедшем времени, как о уже исполненном. Таким образом, если мы можем вместить это, духовно мы восседаем со Христом на Небесном престоле. Но сейчас я хочу заострить ваше внимание на том, что мы оживотворены (оживлены, вызваны из смерти в жизнь)!

Душа через покаяние примирилась с Богом. Очень важно сделать ударение на покаянии. Бунтарь не может примириться с Богом, пока он не оставит свой бунт. Одно из условий, включенных в спасение, это то, что мы оставляем наш бунт. Многие люди, которые говорят о своем рождении свыше и спасении, на самом деле никогда не отказывались от своего бунта. Они имеют все внешние формы христианской жизни, но внутренняя сущность их не такова.

Давайте обратимся к Посланию Римлянам 5:1:

Итак, оправдавшись верою, мы имеем мир с Богом через Господа нашего Иисуса Христа...

Мы враждовали с Богом. Теперь же мы, оправдавшись верой, имеем мир с Богом. Затем в стихе 11 говорится:

И не довольно сего, но и хвалимся Богом чрез Господа нашего Иисуса Христа, посредством Которого мы получили ныне примирение.

Мы враждовали с Богом, а затем примирились.

Далее, что же происходит с нашим телом благодаря спасению? Оно становится храмом Духа Святого. Я думаю, это очень важно. Многие верующие не осознают, что наше тело является храмом Святого Духа и что мы не должны относится к нему с пренебрежением, но с уважением.

Первое послание Коринфянам 6:19-20 Павел начинает словами: *"Не знаете ли..?"* — с той фразы, которую он использует, по крайней мере, полдюжины раз в своих посланиях христианам. По моим наблюдениям, каждый раз, когда он говорит: *"Разве вы не знаете?"* — многие христиане действительно этого не знают.

Не знаете ли, что тела ваши суть храм живущего в вас Святого Духа, Которого имеете вы от Бога, и вы не свои? Ибо вы куплены дорогою ценою. Посему прославляйте Бога и в телах ваших...

Давайте подведем итог тому, что произошло благодаря спасению:

Наш дух оживотворен.

Наша душа примирилась с Богом.

Наше тело стало храмом Духа Святого и также получило право на воскресение первое.

В Послании Филиппийцам 3:10-11 Павел говорит о том, что наше тело получает право на воскресение первое и то, что это является целью его христианской жизни:

...Чтобы познать Его (Иисуса), *и силу воскресения Его, и участие в страданиях Его, сообразуясь смерти Его, чтобы достигнуть воскресения мертвых.*

Слово, обозначающее здесь *воскресение*, относится не к окончательному воскресению, но к воскресению, которое только для истинных верующих. Я всегда был впечатлен тем фактом, что Павел не считал это само собой разумеющимся. Он говорит: *"Моя задача жить так, чтобы я был удостоен первого воскресения"*. Я действительно не верю, что мы можем относится к этому, как само собой разумеющемуся, что уже гарантировано нам. Это зависит от того, как мы живем.

Затем, какие же функции этих трех элементов? Прежде всего, дух. Наш дух способен к прямому общению с Богом и к поклонению. Эта часть человека пришла от Бога и может обращаться к Богу в общении и поклонении. Это подтверждено в Первом послании к Коринфянам 6:17, — это очень важный стих:

А соединяющийся с Господом есть один дух с Господом.

По моему мнению, было бы совершенно неверно сказать *одна душа*. Это *один дух*. Если вы посмотрите в контекст сказанного, то Павел здесь говорит о человеке, вступающем в связь с проституткой, и он говорит, что это не только физическое соединение, но еще и духовное. Если вы рассмотрите эту картину, то вам станет ясно, что это реальное соединение. Ибо только дух может соединиться с Богом. Душа не может, и тело не может. Поэтому дух, и, как я верю, только дух, способен к истинному поклонению. В Евангелии от Иоанна 4:23-24 Иисус сказал:

Но настанет время, и настало уже, когда истинные поклонники будут поклоняться Отцу в духе и истине, ибо таких поклонников Отец ищет Себе...

Для меня это удивительное утверждение. Всемогущий Бог, сотворивший Вселенную, ищет людей, которые поклоняются Ему.

...Бог есть дух, и поклоняющиеся Ему должны поклоняться в духе и истине.

Дух — это та часть в нас, которая способна поклоняться. Душа может славить и благодарить. Но лишь дух, я верю, может принести жертву поклонения Богу, которая приемлема для Него.

Что же с душой? Душа — это та часть нас, которая принимает решения, и благодаря возрождению душа становится способной делать правильные решения. Давид говорит в Псалме 102:1-2:

Благослови, душа моя, Господа...

Он обращается к своей душе. Какая часть его обращается к его душе? Его дух! Его дух ощущает потребность благословить Господа, но его дух не может сделать это до тех пор, пока его душа не побудит к этому его тело. Таким образом, дух дает побуждающий импульс в тело через душу. Мы вернемся к этому позже, потому что Новый Завет говорит о *душевном* теле и *духовном* теле.

Используя несколько грубый пример, я могу сказать, что душа подобна рычагу переключения передач в автомобиле. Вы сидите на месте водителя, двигатель работает, но чтобы машина начала двигаться, вам необходимо использовать рычаг коробки передач. Этот рычаг и есть душа. Дух находится на своем месте, он «работает», но он не может сдвинуть машину с места без участия души.

Я все это говорю для того, чтобы мы достигли такого уровня понимания, где смогли бы начать различать между духом и душой, хотя это непросто. На самом деле есть только один путь к тому, чтобы мы смогли делать это эффективно. Об этом сказано в Послании Евреям 4:1-2:

Ибо слово Божие живо и действенно и острее всякого меча обоюдоострого: оно проникает до разделения души и духа, — составов и мозгов и судит помышления и намерения сердечные.

Обратите внимание на фразу *«до разделения...»* (в английском: *«разделяя даже...»* — примеч. переводчика). Слово Божье является единственным инструментом, который достаточно тонок и достаточно остр для проникновения и разделения между душой и духом.

Нет другого способа к пониманию различий функций души и духа, и их взаимодействия, кроме как через Слово Божье. Вы не можете полагаться на ваше собственное понимание, ваши собственные чувства. Они не надежны. Единственным надежным инструментом различения является Слово Божье.

Но существуют два условия при использовании Слова Божьего для различения. Они находятся в Послании к Евреям 5:13-14, где идет речь о разнице между зрелыми и незрелыми христианами.

> *Всякий, питаемый молоком, несведущ в слове правды, потому что он младенец* (те, кто может питаться только молоком, являются младенцами); *твердая же пища свойственна совершенным* (или зрелым), *у которых чувства навыком* (опытом и практикой) *приучены к различению добра и зла.*

Другими словами, различение — это не что-то мы, имеем как само собой разумеющееся. Различение добра и зла приходит только в результате практикования этого различения, и только тогда, когда мы находимся в согласии со всем советом Божьим, благодаря Его Слову. Если мы еще младенцы, то не имеем способности к различению. Если мы уже достаточно взрослые и по-прежнему не способны различать, то мы не сможем этому научиться до тех пор, пока мы не будем это практиковать.

Я хотел бы сделать вам вызов и спросить

вас: практикуете ли вы различение? Думаю, что могу сказать о себе так: в определенной степени я практикую различение. Когда я попадаю в какую-либо ситуацию, то разворачиваю свою «духовную антенну» и спрашиваю себя: *"Какие духовные силы действуют в данной ситуации?"* Когда я слушаю проповедь, я не только слушаю слова, но и пытаюсь определить дух, приходящий через слова.

Это приходит только с практикой. Если вы только беспечно и с легкостью прогуливаетесь, вы не будете иметь способности к различению. Я верю, что нам нужно практиковать различение в каждой ситуации. Я верю, что распознание должно быть такой же регулярной частью нашей духовной жизни, как и молитва. В противном случае мы окажемся в проблемах.

РАЗЛИЧИЕ МЕЖДУ ДУШОЙ И ДУХОМ

Теперь мне бы хотелось рассмотреть различие между духовным и душевным.

язык	существительное	прилагательное
греческий	*пневма*	*пневматикос*
русский	*дух*	*духовный*
греческий	*псюхе*	*псюхикос*
русский	*душа*	*душевный*

Для того чтобы увидеть разницу, вы должны изучить приведенную выше таблицу. В этой таблице мы имеем греческое слово, а ниже его перевод; затем опять греческое слово и его перевод. Сначала стоит существительное, а затем прилагательное. Когда слова помещены в таблицу, тогда наглядно видна взаимосвязь.

Греческое слово, обозначающее дух, это *"пневма"*, от него образовано слово "пневматический" — это нечто, действующее посредством воздуха. Итак, *"пневма"* означает "дыхание", "ветер" и "дух". Прилагательное от *"пневма"* — это *"пневматикос"*. Как мы переводим его? Мы знаем, что *"пневма"* — это "дух". Очевидно, что прилагательное от слова *"пневма"* это...? *Духовный*. Правильно, именно так.

Теперь перейдем к греческому слову "душа". Греческое слово "душа" — это *"псюхе"*, от него мы получили несколько разных слов, таких как *"психологический"* или *"психиатрический"*, или *"психосоматический"*. Психиатр — это дословно *врач души*, потому что *"иатрос"* — это греческое слово, означающее доктора.

Итак, у нас есть *"псюхе"* и прилагательное *"псюхикос"*. Нет сомнений в том, как перевести существительное — *"душа"*. Но как насчет прилагательного? Это слово *"душевный"*. Следовательно, слово "душевный" не означает сентиментальный или добрый, когда речь идет о человеке. "Душевное" — это происходящее из души.

Сейчас я дам все места в Новом Завете, где использовано слово *"псюхикос"* или "душевный", и попытаюсь провести различие между *духовным* и *душевным*.

Для начала мы рассмотрим три случая, где слово *"душевный"* применяется к физическому телу: Первое послание Коринфянам 15:44 (дважды) и 15:46. Я никогда не слышал никого ранее, кто бы исследовал этот вопрос, но я поделюсь своим пониманием, и вы можете принять либо отвергнуть его. Но это потрясающий вывод, потому что Павел говорит в Первом послании Коринфянам 15:44 относительно воскресения:

Сеется тело душевное, восстает тело духовное. Есть тело душевное, есть тело и духовное.

Обратите внимание, здесь постоянно указывается различие между душевным и духовным. Есть душевное тело и духовное тело.

Затем Павел говорит в стихе 46:

Но не духовное прежде, а душевное, потом духовное.

Итак, наше нынешнее тело душевно; наше воскресшее тело будет духовно. Я понимаю это так, что нам больше не будет нужды в "рычаге переключения передач". Наш дух сам будет решать, куда идти, что сказать, что сделать! Тело будет контролируемо духом.

Мы находим в 1-ой главе Книги пророка Иезекииля описание неких творений, которые могут послужить примером, что значит иметь духовные тела. Для меня это восхитительно, потому что в воскресении мы будем иметь тела такие же, как у Иисуса. Мы будем просто идти, куда захотим. Не будет проблем насчет разбирательств с душой.

В Книге пророка Иезекииля 1:12 о херувимах сказано:

И шли они каждое в ту сторону, которая пред лицом его; куда дух хотел идти, туда и шли; во время шествия своего не оборачивались.

Они имели духовные тела; они просто шли туда, куда желал идти дух. И в этом же отрывке, в стихе 20:

Куда дух хотел идти, туда шли и они; куда бы ни пошёл дух...

Вот как я это понимаю: духовное тело — это тело, которое напрямую мотивируется и контролируется духом. Вы имеете машину, в которой вы просто включаете двигатель, и она едет, куда бы вы ни захотели, на любой скорости. У вас нет хлопот с включением и переключением скоростей.

Это три случая, когда слово *"псюхикос"* использовано применительно к телу. Таким образом, различие очевидно.

Теперь давайте посмотрим в другие места, где использовано слово *"псюхикос"*. Здесь мы подходим к точке яркого противоречия между душевным и духовным. Первое послание Коринфянам 2:14-15:

Душевный человек не принимает того, что от Духа Божия, потому что он почитает это безумием, и не может разуметь, потому что о сём надобно судить духовно. Но духовный судит о всём, а о нём судить никто не может.

Итак, *душевный человек* не находится в гармонии с Духом. Он не может ничего принять от Духа; он не может понять этого. Вы можете обращаться к людям, обладающим самым высокообразованным умом, и они не в состоянии будут понять духовные вещи, потому что они живут в реалиях души. Это важный аспект, раскрывающий истину о том, что, в определенном смысле, существует противостояние между *духовным* и *душевным.*

Далее мы переходим к Посланию Иуды, очень яркому стиху — 19-му. Иуда говорит о людях, которые создают проблемы в церквах:

Это люди, отделяющие себя (от единства веры), *душевные, не имеющие духа.*

Но очевидно, что они являются частью церкви, так как они производят разделения внутри нее. Таким образом, мы имеем в церкви и тех, которые духовны, и тех, которые душевны.

ОТ ЗЕМНОГО К ДУШЕВНОМУ, ЗАТЕМ К БЕСОВСКОМУ

Далее, наиболее важное место из рассматриваемых нами, Послание Иакова 3:15, на котором я остановлюсь подробнее. Говоря об определенном качестве мудрости, Иаков подчеркивает:

Это не есть мудрость, нисходящая свыше, но земная, душевная, бесовская...

Итак, существует вид мудрости, которая является *"душевной"*. И здесь есть нисходящая вниз, выраженная в трех стадиях: 1) земное; 2) душевное; и 3) бесовское. Полагаю, что это основной путь, по которому демоны вторгаются в работу Божью, в народ Божий, в Церковь Божью. Именно через это скольжение вниз: от земного — к душевному, и от душевного — к бесовскому.

Давайте поразмыслим, что происходит. Что подразумевается под *"земным"*? Для христиан это означает то, что наше видение ограничивается только этой землей. Мы не можем видеть дальше этой земли. Все, что мы хотим и принимаем от Бога через спасение, — это все принадлежит этой жизни: процветание, исцеление, успех, сила — и, кто знает, что еще? Полагаю, что это *"земное"*.

Приведу несколько примеров людей, которые не были "земными". Вы найдете весь список в 11-ой главе Послания к Евреям. На самом деле, вы можете рассмотреть каждого святого из этой главы, как образец человека не душевного и не привязанного к "земному". Но вот лишь два примера. В Послании к Евреям 11:9-10 сказано об Аврааме:

> *Верою обитал он на земле обетованной, как на чужой, и жил в шатрах с Исааком и Иаковом, сонаследниками того же обетования; ибо он ожидал города, имеющего основание, которого художник и строитель — Бог.*

Авраам был в Земле Обетованной, он знал, что она обещана ему. Но он не владел ею и он не жил там так, как если бы он владел ею. Он никогда не покупал дом. Он постоянно жил в шатре, который был передвижным жилищем, а не оседлым жильем. Обратите внимание на контраст с Лотом, который отделился от Авраама, обратив свое лицо по направлению к Содому (люди Содома были грешны перед Господом и чрезвычайно развращены), и он пошел туда, куда было обращено его лицо. В следующий раз, когда вы читаете о Лоте, он не просто смотрит на Содом, — он уже в Содоме, и живет в доме, а не в шатре. Я думаю, Лот в какой-то степени является прообразом "земных" людей Божьих.

Но Авраам имел видение, выходящее за временные рамки, — в вечность. Авраам ожидал город, которого никогда не видел, но он знал, что однажды тот станет его домом. Полагаю, что именно такими христианами Бог хочет видеть нас. Мы не у себя дома, находясь в этом мире. Когда этот мир становится нашим домом, мы становимся душевными.

Мой второй пример — это Моисей. Послание к Евреям 11:27 говорит о нем:

Верою оставил он Египет, не убоявшись гнева царского, ибо он, как бы видя Невидимого, был тверд.

Позвольте предложить вам ключ к выносливости. Это смотреть дальше времени, смотреть за черту этой земной жизни, в которой мы часто имеем тяжелые периоды, множество разочарований, много крушений. В чем причина выносливости? В видении, которое выводит нас за пределы временного.

Есть множество других примеров. Авраам и Моисей лишь два примера из людей, которые не были "земными". Есть замечательное утверждение Павла, над которым было бы стоит порассуждать, в Первом послании Коринфянам 15:19:

> *И если мы в этой только жизни надеемся на Христа, то мы несчастнее всех человеков* (в другом переводе, "более всех остальных достойны сожаления").

На эти слова стоит обратить особое внимание. Если вся наша христианская вера обеспечивает нас лишь чем-то относящемся к этой жизни, то мы достойны сожаления, мы несчастны. Хочу сказать, и сказать с прискорбием, что данное утверждение напрямую относится к тому учению в церкви, которое фокусируется лишь на том, что Бог сделает для нас в этой жизни. Люди часто считают себя процветающими и преуспевающими, Бог же видит их достойными жалости.

Это действительно фундаментальная истина. Христиане предыдущих поколений, — вплоть до Первой Мировой войны — глубоко осознавали тот факт, что этот мир — не наш дом. Но с тех пор многие христиане утеряли это понимание и живут так, как если бы они были прописаны здесь навсегда. Если наши мысли, наши амбиции и наши планы сфокусированы на вещах временных, то мы — "земные".

Когда мы стали "земными", то какой следующий шаг вниз? «Душевное». В чем сущность души? В "эго". Что означает быть душевным? Это быть эгоцентричным; быть "полностью озабоченным личностью номер один", как они это называют — т.е. самим собой. Душевный человек говорит: *"А что я могу получить от этого?"* Духовная личность говорит: *"Какую славу от этого получит Бог?"* Я думаю, вы согласитесь (пусть даже это будет звучать несколько жестко), что душевность занимает значительное место в современной церкви, определяет ее курс.

Вслед за тем душевность открывает дверь для «бесовского». Когда вы живете реалиями душевного, вы открываетесь для бесовского. Это, по моему мнению, является главной дверью, позволяющей бесам проникать в народ Божий, в дело Божье. Немного позже я приведу вам пять примеров того, как это происходило в двадцатом веке.

Давайте вкратце рассмотрим два примера людей из Ветхого Завета, которые сошли от земного к душевному, и от душевного к бесовскому. Они были знатными людьми. Первый — это Аарон. Если вы обратитесь к книге Исход, то вы найдете нечто, что всегда изумляло меня: это помазанный и призванный первосвященник, изготавливающий золотого тельца. Давайте проанализируем сказанное в Исходе 32:1-10. Моисей в это время был на горе. Они не видели его около 40 дней. И вот:

> *Когда народ увидел, что Моисей долго не сходит с горы, то собрался к Аарону и сказал ему: встань и сделай*

нам бога, который бы шел перед нами, ибо с этим человеком, с Моисеем, который вывел нас из земли Египетской, не знаем, что сделалось.

Очень примечательная фраза: "*Человек, который вывел нас из земли Египетской*". Они потеряли из поля зрения Бога. Они сфокусировались на человеческом лидерстве. Насколько я понимаю, это почти неизбежно ведет к идолопоклонству. Когда мы теряем наше видение Бога и фокусируемся на Божьих слугах, мы находимся в величайшей опасности.

И сказал им Аарон: выньте золотые серьги, которые в ушах ваших жен, ваших сыновей и ваших дочерей, и принесите ко мне. И весь народ вынул золотые серьги из ушей своих, и принесли к Аарону. Он взял их из рук их, и сделал из них литого тельца, и обделал его резцом. И сказали они: вот бог твой, Израиль, который вывел тебя из земли Египетской! Увидев сие (это удивительно — когда Аарон увидел собственного тельца), *Аарон поставил пред ним жертвенник и провозгласил Аарон, говоря: завтра праздник Господу* (Иегове).

Я нахожу это трудным для понимания: как Аарон мог сделать это. Но если Аарон мог поступить так, то с вами и со мной может случиться то же. Мы не лучше, чем Аарон. Возможно, большинство из нас даже и близко не приблизились к его уровню.

На другой день они встали рано, и принесли всесожжения, и привели жертвы мирные: и сел народ есть и пить, а после встал играть.

Это сущность идолопоклонства: *игра*. Когда наше поклонение становится игрой, мы движемся от духовного к душевному и, в конечном итоге, к бесовскому. Не хотелось бы выглядеть критиком, но я скажу, что по моему пониманию, большая часть того, что называется поклонением в харизматическом движении, не имеет с поклонением ничего общего. Часто это слишком сосредоточено на нашем собственном "я": *"Боже, исцели меня. Боже, благослови меня. Боже, подними мне настроение. Бог, сделай это и сделай то"*. Это эгоцентрично, это душевно. Только дух может фокусировать внимание на Боге. Большая часть музыки, которая звучит в церквах сегодня, взывает к душе, стимулирует душу. Очень много такого же плана музыки используется в мире для стимулирования души.

Я не эксперт в музыке, — абсолютно нет. Я не могу взять правильно и одной музыкальной ноты. Но я имею определенную чувствительность относительно воздействия музыки. Прожив в Африке пять лет, я узнал, что определенные повторяемые темы и ритмы могут притупить и умертвить вашу чувствительность. Если вы побудете под таким воздействием довольно долго, особенно когда музыка звучит достаточно громко и напористо, вы теряете способность к различению. В Африке такие ритмы используются для вызывания бесов.

Удивительно в описанной здесь сцене идолопоклонства Израиля то, что налицо полная противоположность между отношением народа тогда, когда Бог говорил с Небес, и их отношением два месяца спустя. Произошла самая разительная перемена. В 20-ой главе книги Исход, когда они получили уникальное откровение от Бога, которого ни один другой народ не имел, их реакцией было благоговение, страх, почтение. После того, как Бог произнес Десять Заповедей с горы, мы читаем такое описание в Исходе 20:18-21:

Весь народ видел громы и пламя, и звук трубный, и гору дымящуюся; и, увидев то, народ отступил и стал вдали. И сказали Моисею: говори ты с нами, и мы будем слушать, но чтобы не говорил с нами Бог, дабы нам не умереть. И сказал Моисей народу: не бойтесь; Бог пришел, чтобы испытать вас и чтобы страх Его был пред лицом вашим, дабы вы не грешили. И стоял народ вдали, а Моисей вступил во мрак, где Бог.

Они были настолько впечатлены святостью и величием Бога, что сказали: "*Моисей, мы больше не можем слушать этот голос. Пожалуйста, слушай за нас, — а мы будем слушать то, что ты нам будешь говорить*". И вот, прошло всего два месяца, и их отношение изменяется настолько, что они хотят золотого тельца для поклонения и уже не помнят о Боге, и считают Моисея тем, кто вывел их из Египта.

Павел приводит этот случай в Новом Завете. Говоря об испытаниях Израиля, когда народ вышел из Египта, он пишет в Первом послании к Коринфянам 10:5-7:

Но не о многих из них благоволил Бог, ибо они поражены были в пустыне. А это были образы для нас, чтобы мы не были похотливы на злое, как они были похотливы. Не будьте также идолопоклонниками, как некоторые из них, о которых написано: "народ сел есть и пить, и встал играть".

Что же произошло? Их физические нужды были удовлетворены. Их желудки были полны. Их тела были тепло одеты. Итак, что же дальше? Дайте немного возбуждающего! Давайте поиграем!

Меня очень тревожит, когда поклонение превращается в игру. И сегодня такого много. Однако, поклонение с развлечением не имеет ничего общего. Развлечение говорит: *"Возбуди меня. Раскачай меня. Удовлетвори меня"*. Все это для праздника души, — дух исключен.

Мой второй пример сползания от духовного к душевному, и затем к бесовскому, еще более пугающий. Вы найдете его в книге Левит 9:23-10:2. Это момент славы. Люди сделали все то, что Бог требовал для жертвоприношения, и когда их послушание было принято, Бог сошел Своей славой и сжег жертву на алтаре.

И вошли Моисей и Аарон в скинию со-

брания, и вышли, и благословили народ. И явилась слава Господня всему народу: и вышел огонь от Господа, и сжег на жертвеннике всесожжение и тук; и видел весь народ, и воскликнул от радости, и пал на лице свое...

Итак, вот явное проявление Божьей славы и огонь, который сжег жертву на алтаре. Сразу после этого мы читаем два стиха, которые являются одними из самых трагичных в Библии.

Надав и Авиуд, сыны Аароновы (Надав был старшим сыном — он должен был стать первосвященником после Аарона), *взяли каждый свою кадильницу, и положили в них огня, и вложили в него курений, и принесли пред Господа огонь чуждый, которого Он не велел им; и вышел огонь от Господа, и сжег их, и умерли они пред лицом Господним.*

Тот же самый огонь, который сжег жертву, пал и на поклоняющихся! Что же такое *"чуждый огонь"*? Я понимаю это, как огонь, взятый не с жертвенника, как это заповедал Господь. Что такое *"чуждый огонь"* в нашей жизни? Я могу сказать, что это поклонение в каком-либо другом духе, но не в Святом Духе. И нам надо помнить, что наказанием тогда была смерть.

Мы читаем в книге Числа 15:1-35 о восстании против Моисея в пустыне, когда часть лидеров взяла 250 кадильниц, наполненные огнем, и они сказали: *"Мы ничуть не хуже Аарона. Мы имеем такие же права быть священниками, как и он"*. Моисей ответил: *"Хорошо. Мы проверим это"*. Он повелел им собраться с кадильницами, положив в них огонь. Затем огонь Господа сошел и убил 250 мужчин. Для меня урок таков: вы ответственны за то, что в вашей кадильнице. Вы ответственны за тот дух, в котором вы приближаетесь к Богу.

Я не утверждаю, что вы будете испепелены огнем, как это было в том случае, но помните о том, что Божьи суды часто показательны. Другими словами, Бог не судит каждый город, где процветает гомосексуализм, таким же образом, как Он судил Содом и Гоморру. Но Его суд над Содомом и Гоморрой был показательным: он показал Божье вечное отношение к гомосексуализму.

Затем, когда Анания и Сапфира попытались обмануть Господа в своем пожертвовании, они оба умерли — потому что сказали о том, что дали Богу больше, чем это на самом деле было. Не все, кто поступает так, сразу умирают. Я думаю, что если бы так происходило каждый день, в церквах осталось бы меньше людей. Но Божье отношение никогда не изменяется.

Итак, мы увидели, как опасно приходить к Богу с тем, что называется *"чуждым огнем"*, — любым духом, который не является Святым Духом. На мой взгляд, это очень реально.

Теперь давайте обратимся к Посланию к Евреям и рассмотрим то, что говорит нам

Новый Завет. Одна из наших проблем в том, что мы часто читаем послания так, как если бы они были написаны к неверующим. Но это не так. Они написаны для христиан. Послание к Евреям 12:28-29:

> *Итак, мы, приемля царство непоколебимое, будем хранить благодать, которою будем служить благоугодно Богу, с благоговением и страхом, потому что Бог наш есть огонь поядающий.*

Здесь использованы слова *"страх"* и *"трепетное благоговение"*. Я спрашиваю себя и спрашиваю вас: как много трепетного отношения вы находите в церкви сегодня? Сколько служений вы посетили, где бы ощущалось приводящее в трепет присутствие Божье?

Однажды мой друг, служитель из Британии, сделал следующий комментарий: *"Я встречаю людей, которые говорят о Боге, словно о ком-то, кого они встретили в пивном баре"*. Мы доходим до своего рода панибратских взаимоотношений с Иисусом. Он приглашает нас к общению, к участию, но мы не должны никогда-никогда терять чувство благоговения и почтения. Насколько я вижу, именно это является корнем тех проблем, о которых мы говорим.

Вернемся ненадолго к тем современным духовным движениям, о которых шла речь. Мне легко поверить, что все это началось с настоящего, спонтанного движения Святого Духа. Определенная часть этого пришла от

Духа Святого, но затем произошло смешение. Нечто было от Бога, а другое пришло не от Бога.

Почему? В чем проблема? Мой ответ — *душевность*: незаметно люди перевели свой взгляд с Бога на самих себя, с объективной Библейской истины на субъективные личные переживания.

Слишком часто трепет и почтение Божьей святости заменялись не-Библейской небрежностью и легкомыслием. Фактически, я бы сказал, что легкомыслие и недостаток трепетного отношения приобрело характер эпидемии в современном харизматическом движении. Если мы когда-либо были виновны в таком отношении, нам необходимо покаяться. Бог обличал меня, и не один раз, что я сам допускал легкость. Я исповедал это как грех и покаялся в этом. И, в первую очередь, мы должны внимательно следить за своим языком.

Чарльз Финней однажды сказал: *"Бог никогда не будет использовать паясничающего шута, чтобы работать с совестью"*. Одно из характерных служений Святого Духа — *обличить о грехе, о правде, и о суде* (см. Иоан. 16:8). Там где совесть людей осталась нетронутой, мы должны задаться вопросом: действовал ли здесь Святой Дух?

СУЩЕСТВУЕТ ЛИ СПОСОБ ЗАЩИТИТЬ СЕБЯ?

Обеспечил ли Бог защиту против подобного заблуждения? Да! Но сначала мы должны понять, что заблуждение главным образом атакует сферу души, а затем влияет и на дух. Таким образом, именно душа в первую очередь нуждается в защите.

Защита, которую Бог обеспечил для души, имеет одно уникальное и всеобъемлющее основание: *жертву Иисуса на кресте*. В Евангелии от Матфея 16:24-25 Иисус говорит:

…Если кто хочет идти за Мною, отвергнись себя, и возьми крест свой, и следуй за Мною, ибо кто хочет душу свою сберечь, тот потеряет ее, а кто потеряет душу свою ради Меня, тот обретет ее…

Здесь мы видим Божественный парадокс: чтобы спасти или защитить душу свою — мы должны потерять ее.

До того как мы сможем следовать за Иисусом, существует два предварительных условия. Во-первых, мы должны отвергнуть себя — мы должны сказать абсолютное и окончательное *"Нет!"* своему требующему и ищущему своей выгоды «эго». Во-вторых, мы должны взять свой крест. Мы должны принять смертный приговор, который звучит с креста. Взять свой крест — это сознательное решение, которое должен сделать каждый из нас. Бог не будет насильно взваливать крест на нас.

Если мы не применяем крест лично в своей жизни, то мы оставляем бесам открытую дверь, через которую они будут приносить свое влияние. Всегда будет оставаться опасность, что наше не распятое «эго» будет реагировать на лживую лесть обольщающих бесов. Гордость является главной сферой в нашем характере, на которую нацеливается сатана, и лесть является главным рычагом, которым он пользуется, чтобы достичь входа.

Мы должны ежедневно применять крест лично к самим себе. В Послании к Галатам 2:19-20 Павел говорит:

> *...Я сораспялся Христу, и уже не я живу...*

Нам каждому нужно спросить себя: является ли это правдой обо мне? Действительно ли я сораспят со Христом? Или я все еще побуждаем своим душевным «эго»?

Многие христиане сегодня сказали бы, что такое решение слишком радикально. Они задались бы вопросом, действительно ли это единственный путь избежать обольщения? Им свойственно относиться к Павлу, как к какому-то «супер-святому», которому они никогда не смогут подражать.

Однако Павел не смотрел на себя подобным образом. Его служение, как апостола, было уникальным, но его личные взаимоотношения со Христом были примером, которому все мы призваны следовать.

В Первом послании Тимофею 1:16 Павел говорит:

> *Но для того я и помилован, чтобы Иисус Христос во мне первом показал все долготерпение, в пример тем, которые будут веровать в Него к*

жизни вечной.

И снова, в Первом послании Коринфянам 11:1 он говорит:

Будьте подражателями мне, как я Христу.

Единственная альтернатива кресту — это поставить свое «я» на место Христа. Но это является идолопоклонством и открывает дорогу всем злым последствиям, которые незамедлительно следуют за идолопоклонством.

Крест является сутью и центром христианской веры. Без креста, провозглашаемого и применяемого, христианство остается без основания, и его заявления больше не имеют никакой ценности. Тогда оно становится, по сути, лжерелигией. И, подобно любому виду лжерелигии, начинает незамедлительно подвергаться бесовскому вторжению и обольщению.

ПЯТЬ ДВИЖЕНИЙ, УШЕДШИХ В ЗАБЛУЖДЕНИЕ

После того, как было сказано так много, позвольте мне привести пять примеров движений, которые прошли этим путем. Тем или иным образом я имел контакты с каждым из них.

Обратимся к послевоенному периоду, сразу после Второй Мировой войны: в Канаде произошло излияние Святого Духа на Саскачеван, которое получило название «Поздний дождь». Оно произвело очень мощное влияние и множество людей со всей Северной Америки приезжало тогда в Саскачеван. Могу сказать, что сущностью этого движения было полное восстановление всех даров Святого Духа.

Позднее я познакомился с прекрасным христианином, который был президентом «Общения бизнесменов Полного Евангелия» в Чикаго. Он описал то, что случилось с ним, когда он приехал туда. Он рассказывал, как собрания длились по девять часов, и все были настолько воодушевлены, что не хотели заканчивать служение и куда-то отлучаться. Но что произошло? Лидер стал гордым, самоуверенным, затем впал в блуд и, тем самым, дискредитировал дары Духа.

Позже, в 1957-1962 годах я был миссионером, и сотрудничал с Пятидесятнической Ассамблеей Канады — это были прекрасные люди, но они практически совсем не применяли дары Духа. Однажды я спросил их: *"Почему вы не практикуете дары Духа?"* Ответ был такой: *"Поздний дождь" уже делал это"*. Другими словами, это сделало дары неприемлемыми для нас, чтобы нам не пойти тем же путем. Видите ли, одна из тактик сатаны — дискредитировать хорошее через злоупотребление этим.

Затем были «Явленные сыны» — уверен, некоторые из вас помнят их. Это была очень сильная группа людей, которые взяли место Писания о том, что все творение ожидает откровения (явления) сынов Божьих. Они имели действительно сильное служение, в частности в изгнании бесов. Но, изгоняя бесов, они стали входить в длительные беседы с бесами и пытались получать откровения от них. Полагаю, что это в корне неверно — искать откровения от бесов.

Они закончили с пышной теологией, которая гласила о том, что некоторые из них уже приняли свои тела воскресения. После этого двое из них погибли в авиакатастрофе. Таким образом, Бог как бы сказал: *"Где же ваши тела воскресения сейчас?"* Но они начинали, будучи прекрасными людьми.

Затем появились «Дети Божьи». Позднее они изменили свое название и стали называться «Семьей». Среди них была женщина по имени Линда Мейснер, которая имела сильное служение. Мы встречались с ней два или три раза. Она была глубоко посвященной, сильной, духовной женщиной, и она действительно несла бремя о молодом поколении Америки. Но когда к ней пришла гордыня, она стала манипулировать и главенствовать. Многие из молодых людей в «Детях Божьих» попали под ее контроль. Она отрезала их от взаимоотношений с их родителями и семьями, и это закончилось катастрофой. Но я думаю, что когда она начинала, то начинала правильно.

Затем был Уильям Бренхэм. У меня были некоторые контакты с Уильямом Бренхэмом в заключительный период его служения. Я проповедовал на одной кафедре вместе с ним два или три раза в собрании «Бизнесменов Полного Евангелия». В чем-то Уильям Бренхэм имел одно из самых удивительных служений из тех, которые я знал. Он был очень мягким, смиренным, любящим человеком. Его служение в слове знания было совершенно легендарным. Никто никогда не слышал того, чтобы Бренхэм дал хотя бы одно неверное слово знания.

Я был с ним на собрании в городе Фениксе, штат Аризона. Он был за кафедрой и, вызвав женщину из зала, сказал: *"Вы здесь не ради себя… Вы здесь из-за вашего внука"*. И затем он назвал ее имя и ее точный адрес в Нью-Йорке. В тот момент они находились за 2000 миль от Нью-Йорка.

Но, после того, как он использовал свой дар дважды или трижды, внезапно он упал в изнеможении, и его помощники забрали и унесли его. Он объяснял это словами Иисуса о том, что *"сила изошла из Меня"*. Но Иисус не падал в изнеможении. Я не верю в то, что это был Дух Святой. Полагаю, что это было демоническим.

Позже я близко подружился с Эрном Бакстером, который в течение значительного периода времени был Библейским учителем на евангелизационных собраниях Бренхэма. Эрн очень любил Бренхэма, и его сердце было разбито тем, что произошло с тем в конечном итоге. Однажды он собрал небольшую группу служителей и сказал нам: *"Я хочу рассказать вам о Бренхэме. Я не хотел бы, чтобы вы говорили кому-либо об этом, я просто хочу, чтобы вы знали"*.

Сейчас, после того как все люди, к которым это относилось, ушли в вечность, я чувствую себя свободным, чтобы поделиться тем, что Эрн Бакстер сказал о Бренхэме. Он сказал: *"Бренхэм имел два духа; один был Духом Божьим, другой — нет"*. Однажды, когда мы были вместе с Бренхэм, он сказал, указывая на лампочку, висящую под потолком: *"Сила, которой я обладаю, может заставить эту лампу начать двигаться"*.

Полагаю, что Бренхэм оставался во Христе до самого конца, но он был захвачен людьми, которые желали эксплуатировать его. Хотя он не называл себя Илией, но он позволил своим последователям делать это. Он погиб в автомобильной катастрофе, когда его машиной управлял пьяный водитель. Последователи Бренхэма набальзамировали его тело и хранили его до Пасхи, будучи убежденными в том, что он воскреснет. Он не воскрес.

Когда он был в Духе, под помазанием, он был практически неоспорим. Однажды на собрание пришел одержимый человек, чтобы напасть на него. Бренхэм приказал ему встать на колени и стоять так до тех пор, пока он не окончит свою речь. Человек стоял на коленях, в одной и той же позе все время, пока тот проповедовал. Но я должен сказать, что конец Уильяма Бренхэма был, мягко говоря, разочаровывающим.

Затем мы имели так называемое «Ученичество» или «Пастырское движение». Я был лично связан с этим движением, и могу сказать вам, что оно началось со сверхъестественного вмешательства Божьего. Я был там, когда это происходило. Три других служителя, кроме меня: Боб Мамфорд, Чарльз Симпсон, Дон Бэшэм — все мы были проповедниками на съезде этого движения. Посреди всего этого мы обнаружили, что человек, который вел и организовывал съезд, активно практиковал гомосексуализм. Мы подумали: *"Как нам поступить с этим?"* Мы согласились собраться в гостиничном номере одного из нас, — это был не мой номер. Все мы вчетвером опустились на колени и молились, и когда мы поднялись, то каждый из нас знал, без каких-либо предварительных переговоров, без специальной молитвы за это, даже без стремления к этому, что Бог соединил нас вместе.

Несмотря на это, я думаю, что это движение начало приходить к закату еще годом ранее. Это мое личное мнение: проблемы начались с личных амбиций в самых разнообразных формах. Один хотел быть лидером движения, другой хотел проповедовать с кафедры и т.д., и я был одним из них. Основываясь на своем опыте, я хочу сказать, что нет большей проблемы в церкви сегодня, чем личные амбиции в служении.

Другой проблемой было то, что мы не были обновлены в нашем сознании. Мы продолжали мыслить старыми церковными категориями. Всякий, кому мы не нравились, говорил: *"На самом деле, это просто новая деноминация"*. Наш лидер отвечал: *"О, нет. Мы не являемся деноминацией и никогда ею не будем"*. Но логика вещей неумолима. Лидер и его группа превратились в деноминацию.

Наша основная проблема заключалась в том, что мы не были обновлены в нашем сознании. Мы продолжали думать реалиями того пути, которым церковь традиционно делала что-либо. Но я не думаю, что церковь делает это правильно. Я верю, что должна произойти революция в нашем сознании перед тем, как мы сможем точно следовать Божьему предназначению.

В заключение позвольте мне указать на два элемента, которые, как я полагаю, присущи всем этим движениям. Номер один: *гордость*. По моему мнению, гордость — это наиболее опасный из всех грехов. Я слышал, как один известный проповедник сказал однажды: *"Гордость — это единственный грех, из-за которого дьявол не будет заставлять вас чувствовать вину"*. Давайте прочтем очень короткий стих, Притчи 16:18:

Погибели предшествует гордость, и падению — надменность.

Обратите внимание, что люди обычно говорят так: *"Гордость предшествует падению"*. Но это не то, что говорит Библия. Она говорит: *"Гордость предшествует погибели"*. Итак, обратитесь! Не продолжайте идти этим путем, потому что конец его — погибель. И я говорю об этом себе также, как и вам.

Полагаю, что второй характерной чертой, присущей всем пяти движениям, было то, о чем я уже говорил: *смешивание духов*. Там была истина, но там же была и ложь. Там был Дух Святой, и там же — другие духи. И путь, по которому иные духи получили доступ, был через ту же нисходящую: от земного — к душевному, и далее — к бесовскому.

Помните, душевное в сути своей эгоцентрично. Во Втором послании Тимофею 3:1-5 Павел описывает состояние человечества в конце времен, и я верю, что это то время, в которое мы живем. Он дает список из 18 грехов или моральных пороков:

Знай же (и это единственный раз, насколько я помню, когда Павел использует столь подчеркнуто-выразительный язык — будь абсолютно уверен в том), *что в последние дни наступят времена тяжкие.*

Греческое слово, переведенное как *"тяжкие"*, использовано в другом месте лишь однажды — в Евангелии от Матфея 8:28, при описании двух одержимых, которые вышли навстречу Иисусу. Заметьте, что словосочетание, использованное там: *"весьма свирепые"*. Итак, приближаются *свирепые* времена, и они уже наступают! Вы можете молиться, как вы только умеете, но вы не в состоянии изменить этого. Потому что Бог сказал: *"Знай же... это будут свирепые времена".* Ты не можешь изменить этого, но ты можешь просить Бога подготовить тебя к ним.

Затем Павел дает перечень этих 18 моральных пороков:

Ибо люди будут самолюбивы, сребро-

любивы, горды, надменны, злоречивы, родителям непокорны, неблагодарны, нечестивы, недружелюбны, непримирительны, клеветники, невоздержанны, жестоки, не любящие добра, предатели, наглы, напыщенны, более сластолюбивы, нежели боголюбивы...

Заметьте, этот список начинается и заканчивается тем, что люди любят: любовь к себе, любовь к деньгам и любовь к удовольствиям. Но я хочу обратить ваше внимание: *корнем всего этого является любовь к себе — себялюбие*. Это и есть то, в чем заключается зло. Душевность. Быть сфокусированным на себе: «Что Бог собирается сделать для меня...?» «Что я буду иметь от этого...?»

Затем продолжение в стихе 5:

...Имеющие вид благочестия, силы же его отрекшиеся. Таковых удаляйся.

Итак, эти люди, со всеми приведенными выше 18 низкими моральными пороками, имеют *вид благочестия*. Это не неверующие; это не атеисты. Лично я не верю, что Павел когда-нибудь мог использовать слово *"благочестие"* вне христианского контекста. Это люди, исповедующие христианство. В чем же проблема? *Самолюбие*. Именно оно открывает путь для каждой из всех остальных проблем. Сосредоточенность на своем «я». А это, в свою очередь, ведет к смешению духов.

Путь же, по которому смешивание действует, таков: оно производит смятение и затем — разделение. Потому что частично оно приносит доброе, частично — злое. Часть этого истина, но другая часть — заблуждение.

Это означает, что существуют две ответные реакции людей: одни фокусируются на ошибочном и потому отвергают и истинное; другие фокусируются на истинном, принимая вместе с этим и ложь. Вследствие этого, происходит смятение, а вслед за ним — и разделение. Люди начинают агрессивно посвящать себя одной из сторон. Что послужило причиной этого? Смешивание. Мы не можем допустить снисходительного отношения к смешиванию.

Какой ответ на смешивание? Истина! Чистая, неразбавленная истина Божьего Слова!

Однажды мне пришлось быть единственным свидетелем происшествия, имевшим место на улице рядом с нашим домом. В результате чего, меня пригласили в суд. Перед тем, как я дал свое свидетельство, от меня потребовали, чтобы *я говорил правду, одну только правду и ничего кроме правды*. Таков был стандарт, установленный мирским судом. Насколько больше мы, как христиане, должны стоять за истину, одну только истину, и ничего кроме истины!

ЧАСТЬ 3

ЧЕТЫРЕ ЗАЩИТЫ

Наше провозглашение для этой части взято из Псалма 18:13-15:

Кто усмотрит погрешности свои? От тайных моих очисти меня и от умышленных удержи раба Твоего, чтобы не возобладали мною. Тогда я буду непорочен и чист от великого развращения. Да будут слова уст моих и помышления сердца моего благоугодны пред Тобою, Господи, твердыня моя и Избавитель мой!

В первой части было описано то, что, как я считаю, является серьезной проблемой. Во второй части я постарался дать Библейский анализ тому, как эта проблема возникает. В этой третьей части, я хочу предложить четыре духовные защиты, чтобы уберечь нас от подобных проблем.

ЗАЩИТА ПЕРВАЯ

Первая защита находится в Первом послании Петра 5:5-6:

...Бог гордым противится, а смиренным дает благодать. Итак, смиритесь под крепкую руку Божию, да вознесет вас в свое время...

Полагаю первое основное требование, —

чтобы мы смирили сами себя. Библия говорит: *"Бог гордым противится"*. Таким образом, если мы пытаемся прийти в присутствие Божье, но мы горды, то мы можем давить изо всех сил, но Он будет давить нам навстречу (противится нам) — и Он давит сильнее, чем можем давить мы.

Нигде в Библии не сказано, что Бог сделает нас смиренными. Бог всегда возлагает на нас ответственность смирить самих себя. Это решение, которое именно мы должны сделать. Никто не сделает этого за нас. Люди могут молиться за нас и проповедовать нам, но мы должны принять решение *"смирить себя под крепкую руку Божью, чтобы Он вознес нас в свое время"*.

Как уже было сказано, я полагаю, что гордость — это та величайшая проблема, которая более всего распространена и наиболее губительна. Также было сказано о том, что *"гордость предшествует погибели"*. Если мы не сворачиваем с пути гордости, то в конце нас ожидает погибель.

Однако, в Писании находится очень ободряющее и вдохновляющее место. Псалом 24:8-9:

Благ и праведен Господь, посему наставляет грешников на путь, направляет кротких к правде и научает кротких путям Своим.

Это благодать Господа, что Он хочет наставлять нас, грешных, во всем. Но Бог заносит нас в списки Своих учеников не из-за нашего интеллектуального уровня, но основываясь на нашем характере. Многие могут быть зачислены в Библейскую школу или семинарию, или куда-либо еще, но так никогда и не попасть в Божью школу, потому что Бог зачисляет туда лишь смиренных. Он *"направляет кротких к правде и научает кротких путям Своим"*.

Я обнаружил, что слово *"кроткий"* отсутствует в современных переводах. В чем же отличие *смиренного* от *кроткого*? Вот мое понимание этого: слово *"смиренный"* описывает ваше внутреннее состояние; слово же *"кроткий"* описывает не только внутреннее состояние, но и то, как вы выражаете его.

Вероятно, у нас нет нужды в слове *"кроткий"* сегодня, потому что есть очень немного людей, к которым оно применимо! Это типичная причина того, почему слова исчезают из современной речи.

ЗАЩИТА ВТОРАЯ

Следующая защита находится во Втором послании Фессалоникийцам 2:9-12:

Того (Антихриста), *которого пришествие, по действию сатаны, будет со всякою силою и знамениями и чудесами ложными...*

Итак, помните, что сатана способен являть силу, знамения и чудеса. Я часто говорил о том, что очевидным местом для появления Антихриста является харизматическое движение, потому что большинство харизматов, судя по всему, считают, что если что-либо происходит сверхъестественно, то это обязательно от Бога. Это не так. Сатана способен на великие сверхъестественные знамения и чудеса. Как же нам предохранить себя? Об этом написано далее в стихе 10:

> *...И со всяким неправедным обольщением погибающих за то, что они не приняли любви истины для своего спасения.*

Итак, в чем наша защита от обольщения? — ***В принятии любви истины***. И опять-таки, это то, что именно мы должны сделать сами для себя. Бог предлагает это для нас, а мы должны принять это.

Ну, а что же с теми, кто не принял любви истины? Бог говорит следующее в стихах 11 и 12:

> *И за сие пошлет им Бог действие заблуждения, так что они будут верить лжи, да будут осуждены все, не веровавшие истине, но возлюбившие неправду* (другой перевод: «...но находящие удовольствие в неправде и неправедном»).

Это устрашающий стих. Один из переводов говорит так: *"Бог пошлет им сильное заблуждение"*. Если Сам Бог пошлет вам сильное заблуждение, — то вы будете заблуждаться!

В 1994 году в Иерусалиме — это личное, субъективное свидетельство — я встал однажды ночью, чтобы сходить в ванную комнату, и когда я возвращался в свою спальную комнату, Бог вложил в мой разум, очень ясно, что

Он пошлет сильное заблуждение на существовавшее в тот момент правительство Израиля (избранное в 1992 г.). Думаю, что все то, что произошло с того момента, является достаточным подтверждением этого. Это действительно знаменательно, потому что если Бог пошлет сильное заблуждение, — в таком случае бесполезно молиться за то, чтобы эти люди не были обольщенными.

В такой ситуации есть два способа, как мы можем молиться. Во-первых, чтобы Бог начал действовать через посланное на людей заблуждение и достиг Своих целей (в том случае было похоже на то, что целью было смещение того правительства). Во-вторых, чтобы Бог защитил нас самих от заблуждения.

Есть два слова, которые используются душевным образом для манипуляции людьми: одно слово — *мир;* другое — *любовь.* Люди на Ближнем Востоке, впрочем (как я думаю) и все люди мира, становятся жертвой манипуляции тех, кто говорит о мире. Поэтому если вы не согласны с ними, то вы против мира, а значит — вы плохой человек. Понятно, что всякий, кто против мира — это плохой человек. И вы будете чувствовать вину, если не согласитесь с ними.

Но существуют определенные условия для мира. В Книге пророка Исаии 48:22 сказано:

Нечестивым же нет мира, говорит Господь.

А в Послании к Римлянам 14:17 мы читаем:

Ибо Царство Божие... праведность и мир и радость во Святом Духе.

Вы не можете иметь мира и радости без праведности. Мне приходилось встречать много христиан, которые молились о радости. Но если они не исполняли условия праведности, радость ускользала от них. Политики, которые используют слово *мир*, чтобы манипулировать людьми, обманывают их, потому что мир не придет к неправедным.

Другое слово, используемое для манипуляции, это — *любовь*. В церквах говорится так много о любви Божьей: *"Будьте любящими... Бог такой любвеобильный... Он такой добрый..."* Все это правда, но Он еще и требовательный Бог. Я лично пришел к следующему выводу (он основывается на моем собственном опыте и на наблюдениях за жизнью людей, которых я хорошо знаю): вы не избежите наказания от Бога, делая что-либо злое, — ни в чем! Вы можете думать, что избежали наказания за что-то, и Бог может действительно простил вас, но вам обязательно придется столкнуться с последствиями сделанного. Видите ли, Бог прощает; но Он не избавляет нас автоматически от всех последствий того, что мы сделали.

Поэтому откажитесь от сентиментального представления о Боге. Он не Дед Мороз, раздающий детям сладости. Он очень справедливый, действительно праведный, по-настоящему любящий — но, в известном смысле, очень строгий. Вы не сможете улизнуть от наказания Божьего, делая какое-либо зло. Лучше и не пытаться!

Я вижу, как сегодня любовь используется для манипуляции людьми. Некоторые люди говорят о любви Божьей, и что Бог такой любвеобильный... Все это истина, но Божья любовь порой выражается неожиданным образом. Иисус сказал Лаодикийской церкви: *"Кого Я люблю, тех обличаю и наказываю"*. И это любовь. Бог наш Отец и любит нас, но Он также и воспитывает нас.

Существуют два неверных пути реагирования на воспитывающую руку Божью. Заглянем в Послание к Евреям 12:5-8. Эти слова адресованы христианам:

> *И забыли утешение, которое предлагается вам, как сынам: сын мой! не пренебрегай наказания Господня, и не унывай, когда Он обличает тебя. Ибо Господь, кого любит, того наказывает; бьет же всякого сына, которого принимает. Если вы терпите наказание, то Бог поступает с вами как с сынами. Ибо есть ли какой сын, которого бы не наказывал отец? Если же остаетесь без наказания, которое всем обще, то вы — незаконные дети, а не сыны.*

Есть два неправильных способа отреагировать на Божье обличение и наказание. Во-первых, мы предупреждены: *"Не пренебрегай наказания Господня"*. Не пожимайте плечами, говоря: *"Ну и что?"* Есть верующие, которые не воспринимают наказание всерьез или стараются делать вид, что у них все в порядке (обманывая других и самих себя). По моим наблюдениям многие христиане (даже имеющие значительный стаж христианской жизни) не верят, что Бог будет наказывать их. Однако, истина в том, что Он никогда, пока мы находимся на этой земле, не прекратит наказывать и воспитывать нас.

Это стало очень наглядным для меня после прочтения истории, которая приключилась с Моисеем. Бог избрал его в возрасте 80-ти лет, назначив избавителем Израиля из Египта, а затем послал назад, в Египет. Однако, по дороге в Египет Господь встречает Моисея и пытается убить его (Исх. 4:24-26). Удивительно!

Почему? Потому что Моисей не сделал обрезание своему сыну. Он не подчинился знамению завета, который Бог заключил с Авраамом и его потомками. Таким образом Бог предпочел бы видеть Моисея мертвым, чем идущим на свое служение с непослушанием. Порой мы говорим: *"Сатана противится мне"*. Но зачастую истина состоит в том, что нам противится не сатана, а Бог. Потому что: *«Бог гордым противится, а смиренным дает благодать»* (1-ое Петра 5:5).

Другая неправильная реакция, когда вы обнаруживаете, что Бог наказывает вас, это *разочарование*. Не говори: *"Это более, нежели можно вынести. Бог, почему Ты позволил этому случиться со мной? Я не могу устоять! Я не собираюсь принимать это"*. Итак, вот две неверные реакции: пренебречь обличением либо впасть в разочарование.

А как насчет *любви истины*? Греческое слово *любовь* здесь это всем нам хорошо известное *"агапэ"*. Это очень сильное слово. Это самое сильное слово, обозначающее любовь в греческом языке. Любовь к истине — это не просто чтение Библии по утрам или посещение церковных служений и слушание проповедей. Это страстное посвящение себя истине Божьей. Это то, что мы должны культивировать, если мы не хотим впасть в заблуждение. *"Бог пошлет сильное заблуждение всем не принявшим любви* (агапэ) *истины"*. Это означает нечто большее, чем просто иметь «тихое время» или читать свою Библию по выходным. Это страстное посвящение истине Божьей.

Думаю, что могу сказать без бахвальства о том, что Бог дал мне это. Полагаю, что могу засвидетельствовать о том, что Бог дал мне страстное посвящение истине. Всякий раз, когда я слышу что-либо, что является неправдой, то что-то во мне восстает против этого. Бог может сделать это и для вас, но вам надо позволить Ему сделать это. Итак, вторая защита: *прими любовь истины*.

ЗАЩИТА ТРЕТЬЯ

Третья защита — **культивировать страх Господень**. Многие христиане говорят, что в христианской жизни нет места страху, но это не истина. Определенные виды страха исключаются, но не все. Я дам вам места Писания, которые мы с Руфью заучили наизусть, — по крайней мере дюжину отрывков о страхе Господнем. Обетования, связанные со страхом Господним, настолько прекрасны, что я не могу понять, почему кто-то не хочет страха Господня.

Вот несколько из них. Псалом 33:12-15:

Придите, дети, послушайте меня: страху Господню научу вас. Хочет ли человек жить и любит ли долгоденствие, чтобы видеть благо? Удерживай язык свой от зла и уста свои от коварных слов. Уклоняйся от зла и делай добро; ищи мира и следуй за ним.

Смысл такой: если у тебя будет страх Божий, то Бог даст тебе многие дни хорошей жизни. Что стоит первым в списке того, с чем Бог хочет разобраться? *Язык*. Итак, *"удерживай язык свой от зла и уста свои от коварных слов"*.

Псалом 18:10:

Страх Господень чист, пребывает вовек.

Страх Божий никогда не пройдет, он пребывает вовек.

Книга Иова 28:28:

...Вот, страх Господень есть истинная премудрость, и удаление от зла — разум.

Заметьте, что первоначальное условие для мудрости и разумения не интеллектуальное, но моральное — *удаление от зла*. Согласитесь, как много умных глупцов мы видим сегодня.

Притчи 8:13:

Страх Господень — ненавидеть зло; гордость, и высокомерие, и злой путь, и коварные уста я ненавижу.

Обратите внимание, если вы имеете страх Божий, то вы не можете быть нейтральным ко злу; вы ненавидите его. И что в первую очередь вы ненавидите? *Гордость. Высокомерие.*

Притчи 9:10-11:

Начало мудрости — страх Господень, и познание Святого — разум; потому что чрез меня умножатся дни твои, и прибавится тебе лет жизни.

Итак, ты хочешь долгой жизни? Культивируй в себе страх Господень. Однако это не только долгая жизнь, — можно жить долго и несчастливо. Но в страхе Господнем Бог предлагает нам долгую и благословенную жизнь.

Притчи 14:26-27 (Перевод Российского Библейского общества):

Страх Господень — надежная защита (сильная уверенность), *прибежище тебе и твоим детям...*

Итак, страх Господень не делает тебя робким, он дает тебе *сильную уверенность*. Он предусмотрел прибежище для твоих детей, что сегодня, я думаю, очень важно. А следующий стих говорит:

Страх Господень — источник жизни, удаляющий от сетей смерти.

Это очень наглядная картина. Сатана расстилает *сети смерти*. Как мы можем избежать их? Благодаря страху Господнему.

Сказанное в Притчах 19:23 почти невероятно. Может быть трудно поверить этому, но это написано в Библии:

Страх Господень ведет к жизни, и кто имеет его, всегда будет доволен, и зло не постигнет его.

Неужели мы сможем отвернуться от подобного обетования? *Всегда доволен. Зло не постигнет его.* Что совсем не обязательно означает, что ты будешь иметь легкую жизнь, но будешь доволен жизнью и преодолеешь всякое зло.

Притчи 22:4:

За смирением следует страх Господень, богатство, и слава, и жизнь.

Ты обнаружишь, что, по крайней мере, в 50-ти процентах случаев страх Господень напрямую связан с жизнью. Он является ключевым условием для хорошей жизни.

Затем, я полагаю, что наиболее важным из всего является пророческое описание Мессии (Христа) в Книге пророка Исаии 11:1-3:

И произойдет отрасль от корня Иессеева, и ветвь произрастет от корня его (весь Новый Завет подтверждает, что это Иисус)*; и почиет на нем Дух Господень, дух премудрости и разума, дух совета и крепости, дух ведения и благочестия; и страхом Господним исполнится...*

Интересно заметить, что Дух, Который почил на Иисусе, имеет семь качеств — число семь, это всегда число Духа Святого. В Откровении 4:5 сказано, что перед троном Божьим горит семь светильников, которые *«суть семь духов Божьих»*.

Лично я понимаю это место из Книги пророка Исаии, как открывающее для нас семь духов Божьих. Во-первых — это *Дух Господень*: это Дух, Который говорит в первом лице, как Бог. Затем все они идут попарно:

Дух мудрости и *разумения*

Дух совета и *силы*

Дух знания и *благочестия* (в оригинале: *страха Господня* — примеч. переводчика)

Важно увидеть, что знание должно быть сбалансировано страхом Божьим, поскольку знания надмевают, поэтому страх Господень держит нас в смиренном состоянии. Для меня о многом говорит тот факт, что Дух страха Господня почил на Иисусе. Хотя Он был Сыном Божьим, но Он имел страх Господень. Страх Господень почил на Нем, и никогда не оставлявший Его.

Продолжая говорить о страхе Божьем, необходимо отметить, что он уравновешивает радость. Очень важно, когда мы возбуждены, иметь якорь страха Божьего. Полагаю, что в этом опять-таки имеется вопиющий дефицит в харизматическом движении. Все возбуждены и счастливы, хлопают в ладоши, танцуют, — что само по себе чудесно, — но не без страха Господня.

Псалом 2:11 говорит:

Служите Господу со страхом и радуйтесь с трепетом.

Возможно, это выглядит несовместимым, но в этом есть баланс. Ты радуешься, но с трепетом. Ты пребываешь в благоговении все время, пока радуешься. Это актуально и в Новом Завете. Вот как описан рост церкви в Деяниях 9:31:

Церкви же по всей Иудее, Галилее и Самарии были в покое, назидаясь и ходя в страхе Господнем; и, при утешении от Святого Духа, умножались.

Обратите внимание, здесь снова баланс: Дух Святой утешает нас, но мы должны ходить в страхе Господнем. Мы можем быть воодушевлены, мы можем укрепляться и расти, но все это должно быть сбалансировано страхом Господним.

Вы можете сказать: *"Ну, брат Принс, я все же искуплен. Я дитя Божье. Поэтому мне просто нет больше нужды бояться Бога"*. Наоборот, ты должен бояться больше всех, зная цену, которую Бог заплатил, искупив тебя. Об этом сказано в Первом послании Петра 1:17-19:

И если вы называете Отцом Того, Который нелицеприятно судит каждого по делам (и слово "каждого" подразумевает тебя и меня), *то со страхом проводите время странствования вашего* (или «временного пребывания»), *зная, что не тленным серебром или золотом искуплены вы от суетной жизни, преданной вам от отцов, но драгоценною Кровию Христа, как непорочного и чистого Агнца...*

Итак, именно факт того, что мы были искуплены, является причиной проведения времени странствования нашего здесь со страхом — поскольку Бог вложил так много в нас, Он заплатил за нас кровью Христа. Это все не оставляет места для легкомыслия, которое в действительности является отвержением страха Господнего.

ЗАЩИТА ЧЕТВЕРТАЯ

Четвертая и последняя защита, — **поставьте и держите Крест в центре**. Мы видим пример Павла в Первом послании Коринфянам 2:1-5:

И когда я приходил к вам, братия, приходил возвещать вам свидетельство Божие (или «тайну Божью») *не в превосходстве слова или мудрости...*

Вы должны помнить, что в культуре тех времен высшим достижением почиталось обладание ораторским искусством; если вы были кем-то, занимали какую-либо должность, то вы должны были быть прекрасным оратором, в противном случае вами просто пренебрегли. Итак, Павел говорит: *"Я отказываюсь от прекрасной речи"*, что подразумевает: *"Я не преклоняюсь пред этой культурой"*.

> *...Ибо я рассудил быть у вас не знающим ничего, кроме Иисуса Христа, и притом распятого, и был я у вас в немощи и в страхе и в великом трепете.*

Как уже было сказано в предыдущей части, Божья сила достигает совершенства в немощи. Когда мы в самих себе имеем всю силу, необходимую нам, то мы уже не нуждаемся в Божьей силе. Поэтому Бог часто должен привести нас туда, где мы больше не имеем силы (если, конечно, мы согласны идти за Ним туда — примеч. редактора). Я постоянно переживаю это в своем служении. Если Бог собирается использовать меня каким-то особенным образом, Он приводит меня к тому осознанию, что это невозможно для меня — на то место, где я осознаю, что полностью завишу от Него, что я немощен. Тогда Его сила достигает совершенства (совершается) в моей немощи.

Позвольте мне добавить еще нечто по этому поводу: я обнаружил, что настоящая возможность послужить Богу редко бывает удобной для нас. Проще говоря, если Бог предоставляет вам возможность послужить Ему, то это будет в чем-то неудобно для вас. Это проверяет искренность наших мотивов.

Но если мы желаем Божьей силы, действующей в наших жизнях, в нашем служении, в нашей общине, мы должны культивировать страх Господень. Мы должны взращивать чувство зависимости, подтверждения нашей абсолютной зависимости от Бога.

Это очень личное, но каждый раз, перед тем как проповедовать, я говорю Богу: *"Я знаю, что не способен на это. Я полностью завишу от Тебя. Если Ты не помажешь меня, если Ты не вдохновишь меня, если Ты не укрепишь меня, я не смогу это сделать"*. Всякий раз, когда я начинаю проповедовать, забыв сделать это, то мысленно, про себя, во время проповеди я говорю: *"Господь, пожалуйста, вспомни, что я завишу от Тебя. Я не могу это делать моей собственной силой"*.

Затем Павел продолжает в стихах 4 и 5:

И слово мое и проповедь моя не в убедительных словах человеческой мудрости, но в явлении духа и силы, чтобы вера ваша утверждалась не на мудрости человеческой, но на силе Божией.

Я уже подчеркивал, что ключ к высвобождению силы Святого Духа — это быть сфокусированным на Кресте. Вспоминаю христианский гимн, в котором есть такие слова:

Когда я смотрю на чудный Крест,
На котором умер Князь Славы,
Испаряются великие достижения,
Которых я добился;
И с презреньем смывается всё,
Чем я мог бы гордиться.

Когда мы действительно видим Крест, то нам нечем хвалиться.

Интересно, что в первоначальной версии этого гимна, который был написан англичанином, были слова:

Когда я вижу чудный Крест,
Где умер юный Князь Славы.

Автор подчеркивал, что Иисус был казнен в расцвете сил. Он умер в самом лучшем Своем возрасте.

Я верю, что наша величайшая нужда в том, чтобы оставаться сфокусированными на Кресте. Мен пришлось наблюдать, как много людей становятся очень амбициозными, стремятся к успеху, желают построить огромные церкви и служения. Иногда они достигали определенного успеха в этом, но пока все их послание не будет сосредоточено на Кресте, — всё, что они имеют, это лишь огромное количество дерева, сены и соломы.

Я вспоминаю хорошо известного английского проповедника предыдущего поколения, баптиста Чарльза Сперджена. Он постоянно подчеркивал для своих студентов важность фокусирования на Кресте. Однажды он сказал примерно следующее:

"Проповедовать принципы христианской жизни и не упоминать о Кресте, это подобно тому, как если бы сержант, обучающий строевым приемам, отдавал бы приказы подразделению солдат, которые не имеют ног. Они могут слышать его приказы и понимают его, но не могут выполнить их... Запомните, только через Крест мы получаем способность делать то, что Бог говорит нам делать".

Теперь давайте вновь вернемся к первым пяти стихам из 2-ой главы Первого послания Коринфянам. Они всегда были одними из моих самых любимых стихов, потому что я пришел к Богу, оставив греческую философию. Когда Павел говорит о мудрости — он подразумевает в частности греческую философию. По этой причине я думаю, что могу оценить силу его слов о мудрости.

Нам необходимо понять, когда мы читаем эти слова о переживаниях Павла, что он связывает их с определенной частью своего миссионерского путешествия. В 17-ой главе книги Деяний описано его пребывание в Афинах, которые были интеллектуальным центром, университетским городом античного мира. Там он произнес проповедь, непохожую ни на одну из его проповедей, когда-либо записанных. Это была, скорее, интеллектуальная речь. Он подстраивал себя под своих слушателей и даже цитировал им греческого поэта (чего, как я думаю, он никогда больше не делал, обращаясь к неверующим людям). Для меня остается вопросом: был ли Павел в данной ситуации (во время проповеди в Афинах) действительно водим Святым Духом? В любом случае, результаты были весьма разочаровывающими. Лишь несколько человек уверовали.

После этого Павел идет в Коринф. Это был портовый город и, подобно большим портовым городам сегодня, это был очень нечестивый город, где процветали все виды греха. Где-то по пути из Афин в Коринф Павел принял решение, о котором Павел написал так, в своем Первом послании Коринфянам 2:1-5:

И когда я приходил к вам, братия, приходил возвещать вам свидетельство Божие не в превосходстве слова или мудрости, ибо я рассудил (в других переводах: «принял решение») быть у вас не знающим ничего, кроме Иисуса Христа, и притом распятого, и был я у вас в немощи и в страхе и в великом трепете. И слово мое и проповедь моя не в убедительных словах человеческой мудрости, но в явлении духа и силы, чтобы вера ваша утверждалась не на мудрости человеческой, но на силе Божией.

Итак, Павел принял революционное решение. Судя по его словам, он не захотел проповедовать таким образом в Коринфе, как он это сделал в Афинах. Он говорит нечто очень примечательное для иудея: *"Я рассудил быть у вас не знающим ничего"*. В большинстве своем евреи — это люди, которые имеют обширные знания и часто их уверенность основывается на том, что они знают.

Итак, это удивительное утверждение: *"Я решил не знать ничего. Я забываю все, что я когда-либо узнал, даже учась у Гамалиила, — все напрочь! Я выступаю лишь с одним знанием: Иисуса Христа — и не просто Иисуса Христа, но Иисуса Христа распятого — это центр и цель моей проповеди"*. И я верю, что это же должно быть центром и целью нашего послания. Если мы когда-либо сместим центр нашего внимания с Креста, то окажемся в опасности.

Я заметил, что Павел ожидал проявлений Святого Духа и силы. Я обнаружил, что сегодня в нашей современной Церкви, если вы проповедуете о силе, все возбуждаются — и если вы делаете призыв для людей, желающих принять силу, многие выходят вперед к сцене. Лично я верю, что это ударение на силе чрезвычайно опасно. Мне пришлось наблюдать добрый десяток лет за печальным концом тех, кто сосредоточивал свое внимание на силе. Они зачастую заканчивают в обольщении.

Сила — это то, что естественным образом притягивает человека. Некоторые психологи утверждают, что желание силы — это «желание номер один» всего человечества. И Павел говорит: *"Я хочу силы, но хочу ее на другом основании, нежели на том, которое этот мир может понять. Я желаю забыть всю мою мудрость, все мое знание, всю мою теологическую квалификацию, и желаю сосредоточиться лишь на одном — на Иисусе Христе распятом"*. И затем он говорит: *"Когда я делаю это, я могу быть уверен, что Дух Святой придет в силе"*.

Итак, позвольте мне закончить еще одним моим любимым отрывком Писания. Послание Галатам 6:14:

> *А я не желаю хвалиться, разве только крестом Господа нашего Иисуса Христа, которым для меня мир распят, и я для мира.*

Давайте просто перечислим четыре защиты, которые я предложил вам:

1. Смирите себя.

Петр говорит, что "*... противник ваш диавол ходит, как рыкающий лев, ища, кого поглотить*" (1 Пет. 5:8). Дьявол очень силен и очень активен. Любая теология, которая говорит иное — несет обольщение.

Однажды я размышлял над этими словами Петра, и вот какое сравнение возникло у меня. Предположим, что лев свободно бродит на первом этаже вашего дома, и вам надо оттуда выйти. Я не верю, что вы прогуляетесь через прихожую беззаботно напевая жизнерадостный псалом. Вы будете очень осмотрительны, осуществляя свой выход. И вы будете очень осторожны, закрывая дверь позади себя.

Это картина, как нам нужно вести себя, поскольку наш враг, дьявол, ходит вокруг нас, как рыкающий лев. Мы не можем изменить этого. Но знаете ли вы, почему львы рычат? Это устрашает их жертвы, парализует их. Итак, не будьте парализуемы львиным рычанием. Будьте очень осторожны, но не давайте места страху.

2. Примите любовь истины.
3. Взращивайте страх Господень.
4. Поставьте и держите Крест в центре.

В заключение давайте процитируем Послание Галатам 6:14. Вы можете произнести вслух это место Писания, слово за словом:

А я не желаю хвалиться, разве только крестом Господа нашего Иисуса Христа, которым для меня мир распят, и я для мира.

ЭПИЛОГ

ЧТО ЕСТЬ ИСТИНА?

ПОВСТРЕЧАВШИЙ ИСТИНУ

Нашей темой будет очень глубокий и далеко идущий вопрос: *«Что есть истина?»* Я постараюсь ответить на него на основании Писания и опыта многолетнего христианского служения.

Один из способов понять смысл вопроса и найти ответ на него — это поразмышлять над словами, которые имеют противоположное значение. Что может быть противоположным истине? Заблуждение, обман, неправда, ложь. Конечно же, никто из нас не хочет оказаться в том, что есть в этом списке. Мы не хотим быть обмануты. Мы не хотим быть в заблуждении. Мы не хотим жить, опираясь на какую-либо ложь. Потому что если мы окажемся там, то в конечном итоге это приведет к разочарованию и крушению. Поэтому, уже ради самих себя, мы должны знать надежный ответ на вопрос: *«Что есть истина?»*

Истина — это нечто такое, что охватывает всю жизнь человека. Один человек так прокомментировал слова другого: *«Хотя для него это правда, но это никак не истина».* Думаю, немного трудно понять, что он имел в виду. Он говорит, что это является правдой в данной ситуации — т.е. того человека нельзя обвинить в том, что он говорит неправду. Но эту «правду» нельзя применить ко всем ситуациям и ко всей Вселенной — это не будет правильным всегда и во всем. Таким образом, это правда, но далеко не истина (в конечной инстанции).

Поэтому мы возвращаемся к вопросу: что же есть истина? Этот вопрос задавали разные люди, в самых разных ситуациях, и по разному поводу, в самом разном контексте. Контекст, в котором мы будем рассматривать этот вопрос, является самой драматической и важной встречей, зафиксированной в истории человечества. Понтий Пилат допрашивает Иисус на основании обвинений, что Тот объявил Себя царем иудейским. В Своем ответе Иисус концентрируется на сути истины. Вот описание этого диалога в Евангелии от Иоанна 18:33-38:

> *Тогда Пилат опять вошел в преторию, и призвал Иисуса, и сказал Ему: Ты Царь Иудейский? Иисус отвечал ему: от себя ли ты говоришь это, или другие сказали тебе о Мне? Пилат отвечал: разве я Иудей? Твой народ и первосвященники предали Тебя мне; что Ты сделал? Иисус отвечал: Царство Мое не от мира сего; если бы от мира сего было Царство Мое, то служители Мои подвизались бы за Меня, чтобы Я не был предан Иудеям; но ныне Царство Мое не отсюда. Пилат сказал Ему: итак Ты Царь? Иисус от-*

вечал: ты говоришь, что Я Царь. Я на то родился и на то пришел в мир, чтобы свидетельствовать о истине; всякий, кто от истины, слушает гласа Моего. Пилат сказал Ему: что есть истина?

Мы не знаем, каким тоном Пилат задавал этот вопрос. Было ли это сказано с цинизмом? Занял ли он позицию, типичную для мирских людей, озабоченных политикой и видимой реальностью, а не абстрактными философскими вопросами? Или же он был, подобно многим людям его времени и его положения, немного философом? Был ли он под влиянием греческой философии? Именно греческая философия была полем моего профессионального изучения, до того, как я стал христианином. Поэтому всякий раз, когда я встречаю что-то связанное с философией, это вызывает у меня особое отношение.

В любом случае, Пилат парировал слова Иисуса вопросом: *«Что есть истина?»* Поэтому мне бы хотелось предложить некоторые комментарии на заданный Пилатом вопрос, который стал темой нашего изучения: что есть истина? Казалось бы, это очень простой вопрос. Но должен сказать вам, как бывший профессиональный философ, что до сих пор человеческая мудрость не смогло дать на него удовлетворительный ответ. Философы так и не пришли к более-менее приемлемому определению, что является истиной.

Человеческий ум, встречаясь с этим вопросом, всегда думает о какой-то абстрактной относительной истине, которая и истиной является только относительно чего-то другого. Но когда мы пытаемся дать определение, что же такое сама истина, то сразу же пускаемся в самого разного рода логические и метафизические завороты. Я не ставлю себе задачей исследовать все эти проблемы в нашем изучении, потому что не кормлю людей философией, а предоставляю им Слово Божье. Однако, мне бы хотелось указать вам на то, и это очень интересный исторический факт, что вопрос Пилата, хотя и выглядит простым, никогда не получил удовлетворительного ответа просто на уровне человеческого мышления и понимания.

Читая об этом допросе у Пилата, мне бы хотелось обратить ваше внимание, какую важность придавал истине Сам Иисус. Давайте еще раз рассмотрим Его слова. Иисус сказал Пилату, что тот верно назвал Его Царем, потому что: *«Я для того и был рожден, и для того пришел в мир, чтобы свидетельствовать об истине. Каждый, кто от истины, слышит Мой голос»*. Итак, именно для этой цели родился Иисус. Именно для этой цели Он пришел в мир — чтобы свидетельствовать об истине. И это, несомненно, придает истине самую большую важность, если Сам Христос ради нее пришел на эту землю.

Затем Иисус говорит, что когда человек слышит истину, то это вызывает в нем нечто, что показывает ему, где он находится по отношению к истине: *«всякий, кто от истины, слышит голос Мой»*. Тем самым Иисус сказал, что мир нуждается в том, чтобы распознать истину. Посреди всего нашего замешательства, мы нуждаемся в том, чтобы знать, что есть истина. Мы нуждаемся в чем-то надежном, за что мы могли бы ухватиться и на что мы могли бы опереться и сказать: *«Вот она — истина!»*

Из слов, которые Иисус сказал Пилату, мы видим, что царское достоинство выражается в отстаивании истины. Вопрос звучал так: *«Значит Ты царь?»* Ответ Иисуса был таким: *«Да, Я Царь, и для этой цели Я родился и пришел как Царь, чтобы свидетельствовать об истине»*. Эти слова производят глубокое движение во мне. Свидетельствовать об истине — это по-царски. В определенном смысле, можно сказать, что истина выявляет царское в человеческой природе. Идти на компромисс — это низко и недостойно царя и лидера, который поставлен для руководства другими людьми — для царя и лидера недостойно бояться стоять за истину.

Полагаю, что именно эта проблема Пилата видна из его слов и действий. Он не хотел посвятить себя истине. Хотя он занимал позицию лидера и, фактически, был ответственен за выявление истины и за правосудие, но в тот критический момент он не захотел отстаивать истину.

В то время как Иисус сказал, что является Царем, и как Царь Он находится здесь, чтобы свидетельствовать об истине — стоять за истину — и Он не пойдет на компромисс. Иисус хорошо осознавал, что такая позиция будет стоить Ему жизни. Однако, находясь под политическим или любым другим давлением, Он ни на йоту не отступал от истины. Поэтому, позвольте еще раз подчеркнуть, что стоять за истину — означает проявлять царское достоинство. А идти на компромисс в вопросе истины — это низко и недостойно.

Затем, в тот самый момент, когда Пилат спрашивал: *«Что есть истина?»*, сама Истина стояла перед ним в личности Иисуса. Удивлюсь, если он осознавал это. Мы не узнаем об этом наверняка до тех пор, пока ни окажемся в вечности. Но запомните, что когда Пилат задавал этот вопрос, он впервые в своей жизни стоял лицом к лицу с полной истиной в личности Иисуса. Почему он задал этот вопрос? Мой ответ: он задал его для того, чтобы уклониться от ответственности. Он не спрашивал потому что хотел узнать истину. Он спрашивал потому что хотел уйти от встречи с истиной. Мне бы хотелось прочитать о действиях Пилата, описанных в Евангелии от Матфея 27:24:

> *Пилат, видя, что ничто не помогает, но смятение увеличивается, взял воды и умыл руки перед народом, и сказал: невиновен я в крови Праведника Сего; смотрите вы.*

Скажу вам то, что хотя Пилат и умыл свои руки — это не освободило его от ответственности, и такие действия не помогут ни вам, ни мне избежать нашей ответственности. Когда мы встречаемся с истиной, тогда не стоит говорить: «*Я не желаю в это ввязываться... Меня это не касается... Моя хата с краю... Я умываю руки... Я не принимаю ответственность...*». Нам не удаться снять с себя ответственность.

ИИСУС ЕСТЬ ИСТИНА

Итак, в предыдущей части мы с вами исследовали очень показательный диалог, который произошел между Иисусом и Понтием Пилатом, когда римский наместник Пилат допрашивал Иисуса в качестве самопровозглашенного Царя иудейского. Это описание находится в Евангелии от Иоанна 18:33-38. Оно очень важно для нас, поэтому мы прочитаем его еще раз:

Тогда Пилат опять вошел в преторию, и призвал Иисуса, и сказал Ему: Ты Царь Иудейский? Иисус отвечал ему: от себя ли ты говоришь это, или другие сказали тебе о Мне? Пилат отвечал: разве я Иудей? Твой народ и первосвященники предали Тебя мне; что Ты сделал? Иисус отвечал: Царство Мое не от мира сего; если бы от мира сего было Царство Мое, то служители Мои подвизались бы за Меня, чтобы Я не был предан Иудеям; но ныне Царство Мое не отсюда. Пилат сказал Ему: итак Ты Царь? Иисус от-

вечал: ты говоришь, что Я Царь; Я на то родился и на то пришел в мир, чтобы свидетельствовать о истине; всякий, кто от истины, слушает гласа Моего. Пилат сказал Ему: что есть истина?

К этому диалогу между Иисусом и Пилатом, и к последнему вопросу Пилата: *«Что есть истина?»*, я дал четыре комментария, которые мы сейчас вкратце повторим.

Во-первых, на вопрос Пилата до сих пор не был найден ответ человеческой философией. Вся человеческая философия так и не дала удовлетворительного определения, что такое истина.

Во-вторых, одной из главных целей, ради которых пришел Иисус, была задача свидетельствовать истину. Иисус сказал, что именно для этого Он был рожден. Это показывает нам, что мир нуждается в том, чтобы узнать истину. Это было настолько важным в глазах Божьих, что Он послал Иисуса, чтобы засвидетельствовать и явить истину.

В-третьих, стоять за истину — это проявление царского достоинства. Когда Иисусу был задан вопрос о том, является ли Он царем, Иисус ответил, что это так и что Он стоит за истину. Намного легче пойти на компромисс, но это низко. Стоять за истину — это по-царски.

В-четвертых, в тот момент, когда Пилат задавал вопрос: *«Что есть истина?»*, он в действительности находился лицом к лицу с

Истиной, воплощенной в личности Иисуса. И он задал этот вопрос не потому, что хотел узнать ответ — этот его вопрос был всего лишь попыткой соскользнуть с этой темы. Затем он взял воду, умыл свои руки и сказал: *«Я не виновен»*. Он сказал евреям: *«Это ваша ответственность»*. Однако мы имеем законное право утверждать, что Пилат не снял с себя ответственности и не был невиновен, и когда мы с вами, встретившись с истиной, идем на компромисс с ней — как мы сможем быть невиновны?

В этой части мы рассмотрим ответ, какой дал Сам Иисус на вопрос: *«Что есть истина?»* Пилат не знал того, что Иисус немного ранее уже ответил на этот вопрос в личной беседе со Своими учениками. Эта беседа описана в Евангелии от Иоанна 14:2-6. Иисус говорит:

> *В доме Отца Моего обителей много; а если бы не так, Я сказал бы вам: «Я иду приготовить место вам». И когда пойду и приготовлю вам место, приду опять и возьму вас к Себе, чтобы и вы были, где Я. А куда Я иду, вы знаете, и путь знаете. Фома сказал Ему: Господи! не знаем, куда идешь; и как можем знать путь? Иисус сказал ему: Я есмь путь и истина и жизнь; никто не приходит к Отцу, как только через Меня.*

Здесь Иисус делает о Себе три утверждения: *«Я есмь путь, Я есмь истина, и Я есмь жизнь»*. Он представляет Себя как полный и окончательный ответ. Другими словами Его ответ Фоме звучит так: *«Вы хотите знать, куда идти? — Я есмь путь. Вы хотите знать, во что верить? — Я есмь истина. Вы хотите знать, как жить? — Я есмь жизнь. Я являюсь ответом на эти вопросы».*

Предметом нашего исследования является истина. Пилат спросил: *«Что есть истина?»* Мы видим, что Иисус сказал ученикам: *«Я есмь истина».* Очень важно увидеть, что Божьим ответом на вопрос: что есть истина? — ответом на этот вопрос является конкретная Личность, а не какое-то отвлечённое понятие. Ничто кроме Личности не может вместить в себе полноту истины, которая бы удовлетворила человеческие искания истины и жажду по ней.

Помню как, будучи молодым человеком, студентом, изучающим философию, я томился и искал ответ на вопрос: что есть истина? Я искал ответ в сфере отвлечённых понятий, в сфере абстрактного, в трудах и сочинениях древних философов Платона, Аристотеля и современных философов. Порой мне казалось, что я вот-вот найду ответ, однако он ускользал от меня и это вызывало во мне такое глубокое чувство пустоты и разочарования, что я мог обратиться к самым грубым формам плотских удовольствий, чтобы только заглушить своё разочарование.

Однако, по благодати Божьей, спустя некоторое время, я пережил личную встречу с Иисусом, как когда-то Пилат. Но я так рад, что не отреагировал на это как Пилат. Я принял Иисуса как истину, и какой была та глубина удовлетворения, которую я получил в познании истины как Личности! Видите ли, что такое личность (а Бог всех нас сотворил личностями) — это одна из великих тайн и одно из чудес мироздания. Явно, что любой ответ на вопрос о том, что есть истина, который обходит стороной нашу личностность, является недостаточным. Но Иисус — это совершенный ответ! Он сказал: *«Я есмь истина»*.

Следующее, что мне хотелось бы сказать — надеюсь, вы внимательны! — мы познаем эту истину интуитивно — *верой*. Мы не достигаем ее рассуждениями. Позвольте прочитать несколько слов из Послания Евреям, — сначала 11:1:

Вера же есть осуществление ожидаемого и уверенность в невидимом.

Только верой мы можем устанавливать отношения с невидимым миром. Наши чувства не сделают этого. Наш ум не сделает этого. Существует вид интуитивного восприятия, который Библия называет верой. Далее, Послание Евреям 11:3:

Верою познаем, что веки устроены словом Божиим, так что из невидимого произошло видимое.

Вера ведет к познанию. Правильный порядок очень важен: не знание идет первым —

не так, что мы сначала знаем, а потом верим. Но верой мы познаем — когда мы верим, тогда мы знаем. Хочу сказать, что истина об Иисусе совершенно обоснована. Я являюсь профессиональным логиком, и нахожу Библию и в частности то, что она говорит об Иисусе, самым логически обоснованным утверждением, которое только можно найти в записях человечества. Однако логика вам не откроет этого. Сначала вера распознает это, а затем логика подтверждает это. Вы должны придерживаться правильного порядка. Должно иметь место интуитивное принятие, момент посвящения невидимой истине, когда вы делаете шаг из знакомой реальности в незнакомую, и делаете это посвящение веры: *«Иисус, я признаю, что Ты являешься истиной — я принимаю Тебя».*

Скажу еще немного об интуитивном принятии Иисуса как истины, когда мы делаем шаг по вере, не пытаясь понять все до конца. Очень наглядной иллюстрацией являются Божьи инструкции Израилю перед выходом из Египта, о том, как надо приготовить и съесть пасхального агнца. Мы знаем о том, что пасхальный агнец является прообразом Иисуса. Когда пришел Иисус, Иоанн Креститель сказал: *«Вот Агнец Божий, Который берет на Себя грех мира».* Давайте найдем эти инструкции об агнце в книге Исход 12:8-11:

> *Пусть съедят мясо его в сию самую ночь, испеченное на огне; с пресным хлебом и с горькими травами пусть*

съедят его. Не ешьте от него недопеченного, или сваренного в воде, но ешьте испеченное на огне, голову с ногами и внутренностями. Не оставляйте от него до утра; но оставшееся от него до утра сожгите на огне. Ешьте же его так: пусть будут чресла ваши препоясаны, обувь ваша на ногах ваших и посохи ваши в руках ваших, и ешьте его с поспешностью: это — Пасха Господня.

Пять моментов, о которых говориться здесь, помогут вам понять, что означает принимать Иисуса интуитивно верой.

Во-первых, агнец должен был запечен на огне целиком. Огонь я понимаю как акт поклонения. Это огонь поклонения. Во время того, как мы встречаемся с истиной, приходит момент, когда мы должны признать Бога *в истине с поклонением.*

Во-вторых, есть агнца следовало с горькими травами, что говорит о *благочестивом сожалении* обо всех наших преступлениях и о нашем неправильном, растраченном впустую прошлом.

В-третьих, есть агнца следовало с пресным хлебом (в котором не было закваски). Новый Завет говорит, что пресный хлеб означает *искренность, честность и чистосердечность.*

В-четвертых, ничего не должно было остаться до утра. Это говорит о том, как мы должны принимать истину. Мы не можем брать ее частями. Мы не можем сказать: *«сейчас я возьму одну часть, а остальное оставлю на потом, и тогда подумаю, готов ли я принять это».* При встрече с истиной мы должны принять ее *целиком*.

Наконец, в-пятых, есть агнца следовало с поспешностью. Во всем этом *нельзя медлить*. При встрече с истиной мы не можем долго раскачиваться. Она не будет долго ждать нас. Есть особые решающие моменты истины в нашей жизни и тогда мы должны принимать решение — нам нельзя оттягивать момент решения. Истину необходимо принять тогда, когда Бог предлагает ее нам.

Итак, давайте вкратце повторим наши пять пунктов:

1. Запеченный в огне — это поклонение.
2. Горькие травы — это праведное сожаление.
3. Безквасный хлеб — это искренность и чистосердечность.
4. Ничто не оставлять до утра — это полное принятие.
5. Поспешность — это незамедлительная реакция на явленную истину.

БОЖЬЕ СЛОВО ЕСТЬ ИСТИНА

Итак, мы говорили о том, что человеческая философия всех веков так и не дала удовлетворительный ответ на вопрос, который был задан Пилатом: *«Что есть истина?»*

С другой стороны (хотя Пилат не знал об

этом), Иисус немного ранее уже ответил на этот вопрос в беседе со Своими учениками. Его слова записаны в Евангелии от Иоанна 14:6:

> *Иисус сказал ему: Я есмь путь и истина и жизнь; никто не приходит к Отцу, как только через Меня.*

Иисус представил Себя как полный и совершенный ответ. Другими словами: *«Если вы хотите знать, куда идти — то Я есмь путь. Если вы не знаете, во что верить — Я есмь истина. Если вы не знаете, как жить — Я есмь жизнь».*

Мы рассматриваем ту часть ответа Иисуса, где Он утверждает, что Он есть истина. В предыдущей части мы говорили о том, что Божий ответ на вопрос: что есть истина? — не является абстрактным понятием или определением. Истиной является Личность. Это так чудесно.

Не думаю, что многие люди оценят это так же высоко, как я, потому что в прошлом я был профессиональным философом и на протяжении многих лет изо всех сил пытался найти истину в философских системах и измышлениях, но все эти поиски заканчивались глубоким разочарованием. Поэтому, когда я обнаружил, что истина заключается в личности Иисуса, мое сердце пело. Это было настоящее освобождение и облегчение.

Поэтому позвольте еще раз повторить, только личность — и ничто меньше — может вместить всю полноту истины, потому что основная часть мироздания — это личность. И ничто меньшее личности не сможет удовлетворить человеческую жажду.

В этой части мы рассмотрим другой способ ответа на вопрос: что есть истина? Второй ответ, который также дается Иисусом, не противоречит первому, но напротив помогает нам в более полной мере понимать и применять первый ответ.

Этот второй утверждение Иисуса об истине мы находим в Его молитве Отцу об Его учениках, которая записана в Евангелии от Иоанна 17:17:

Освяти их истиною Твоею: слово Твое есть истина.

Таким образом, Иисус молится Богу Отцу такими словами: «*Слово Твое есть истина*». Итак, Слово Божье является истиной.

Нам надо очень ясно осознавать, что понимал под Словом Божьим Иисус. И нам снова следует обратиться к Его собственным словам. В Новом Завете записано, как Иисус цитировал слова из Псалтыря: «*Я сказал: вы боги…*». Вот как Он прокомментировал эти слова в Евангелии от Иоанна 10:35:

Если Он назвал богами тех, к которым было слово Божие, и не может нарушиться Писание.

Мы не будем рассматривать все стороны этих слов, а обратим внимание на то, что, как ясно видно из этих слов Иисуса, для Него слово Божье и Писание — это совпадающие понятия. *«Он назвал богами тех, к которым было слово Божье...»* и *«не может нарушиться Писание...»* Это говорит нам две очень важные вещи: во-первых, Божье слово — это Писание, и, во-вторых, Писание (или Слово Божье) не может нарушиться — оно полностью авторитетно и абсолютно надежно.

Итак, совместив два утверждения, мы видим, что Иисус является истиной, и, в то же самое время, Божье Слово (Писание) является истиной. И в этом нет никакого противоречия. Нам необходимо понять, и это имеет жизненно важное значение для нас, что они всегда идут в согласии. Иисус и Писание всегда находятся в совершенной гармонии друг с другом. На самом деле, Иисус в Библии назван *«Словом»* и *«Словом Божьим»* — и это один из самых великих Его титулов.

Вот как, например, сказано об Иисусе в Евангелии от Иоанна 1:1-2:

В начале было Слово, и Слово было у Бога, и Слово было Бог. Оно было в начале у Бога.

В первом стихе Евангелия от Иоанна Иисус был трижды назван Словом. Затем, в той же самой главе об Иисусе сказано следующее, Евангелие от Иоанна 1:14:

И Слово стало плотию и обитало с нами, полное благодати и истины; и мы видели славу Его, славу как Единородного от Отца.

Итак, Иисус является Словом. Затем, в самом конце Нового Завета, в последней его книге, мы имеем пророческое описание возвращения Иисуса во славе и силе в конце века сего. Вот как апостол Иоанн описывает это в книге Откровение 19:11-13:

И увидел я отверстое небо, и вот конь белый, и сидящий на нем называется Верный и Истинный, Который праведно судит и воинствует. Очи у Него как пламень огненный, и на голове Его много диадим; Он имел имя написанное, которого никто не знал, кроме Его Самого; Он был облечен в одежду, обагренную кровью. Имя Ему: Слово Божие.

Вот Он — Слово Божье! Итак, Писание — это Слово Божье, Иисус — это Слово Божье. Интересно, что здесь говорится о том, что никто не знает Его имени, кроме Него самого. Другими словами, здесь показана еще одна истина, что только Иисус полностью понимает Слово Божье. Он находится в совершенной гармонии и согласии с Писанием. Он является истолкованием Слова. Он является исполнением Слова. Он является ответом. Он находится в полном согласии с Писанием.

Позвольте мне указать на одну интересную деталь. Практически все эти места Писания, которые мы использовали для ответа на вопрос о том, что есть истина, включая место Писания, откуда собственно и был взят этот вопрос — все эти отрывки взяты из записей одного человека — апостола Иоанна. Начав самостоятельное изучение темы истины, вы удивитесь, что вам практически постоянно придется обращаться к записям апостола Иоанна. Это одна из самых великих тем Иоанна.

В этом отношении я опять-таки чувствую свою близость к нему, потому что многие годы вопрос — что есть истина? — был моим вопросом. И какая радость найти в апостоле Иоанне того человека, который имеет ту же жажду по истине и находит тот же самый ответ.

Итак, мы увидели два ответа на вопрос: что есть истина? Оба этих ответа даны в Библии. Первый ответ: Иисус — это истина. Второй ответ: Слово Божье, Писание — это истина.

Сейчас мне хотелось бы показать вам очень важное применение этого двойного ответа. Хочу показать вам, как это защищает нас от обольщения. Мне бы хотелось прочитать отрывок из письма Павла христианам Коринфа. Второе послание Коринфянам 11:3-4:

> *Но боюсь, чтобы, как змей хитростью своею прельстил Еву, так и ваши умы не повредились, уклонившись от простоты во Христе. Ибо, если бы кто, пришед, начал проповедывать другого Иисуса, которого мы не проповедывали, или если бы вы получили иного Духа, которого не получили, или иное благовестие, которого не прини-*

мали, — то вы были бы очень снисходительны к тому.

Павел был очень озабочен тем, чтобы христиане Коринфа не попали в заблуждение. Он предупреждает их об обольщении и говорит им, что, в сущности, есть три разных, но связанных между собой способа, которыми вы можете быть обольщены. Вы можете начать с того, что поверите в «иного Иисуса». Вы можете принять «иной дух» — не тот, который вы первоначально получили. Или же вы можете принять «иное благовестие», т.е. «иное евангелие». Итак, здесь указаны три варианта обольщения: иной Иисус, иной дух, или иное евангелие.

Как мы можем быть защищены от этих обольщений? Ответ такой: благодаря Писанию. Мы должны помнить о том, что истинный портрет Иисуса дан в Писании. И если мы держимся Иисуса, открываемого Писанием, то мы не будем обольщены.

Хочу предостеречь вас, что сегодня есть много людей, которые были совращены в веру в иного Иисуса. Казалось бы, этот тот же Иисус из Назарета, но он не отвечает описанию, данному в Библии. Поэтому, говоря, что «Иисус — это истина!», мы должны помнить, что и «Писание — это истина!» Мы должны держать эти два факта вместе.

Какие же эти «иные Иисусы», верить в которых сегодня совращают людей? Позвольте дать три примера самых распространенных сегодня ложных представлений об Иисусе.

Во-первых, «сентиментальный Иисус» — только любовь и никакого осуждения: *«Бог любит вас, а значит все будет хорошо и вам все сойдет с рук, как бы вы ни жили»*. Но Иисус говорил совершенно о другом. На самом деле, Иисус настолько сильно верил в суд Божий, что Он умер, чтобы спасти нас от суда Божьего. Таким образом, «Иисус» не говорящий о суде — это лже-Иисус.

Второе обольщение — это «Иисус», который одной ногой стоит в оккультизме и метафизике — этакий «супер-гуру», супер-учитель, который знает множество «духовных» расплывчато-мистических ответов. Настоящий Иисус был очень практичен и, в определенном смысле, «приземлен». Он установил очень ясные стандарты практической праведности, чистоты и святости. Таким образом, такая оккультная версия — это «иной Иисус». И в данном случае Писание сохраняет нас от обольщения.

Третье представление об Иисусе, которое появилось сравнительно недавно — это «Иисус» марксист-революционер, который намерен изменить существующий мировой порядок, отобрать богатство у сильных и богатых, и раздать их имущество бедным (Или же, вовлечь как можно больше христиан в политику и дать им мирскую власть, чтобы «изменить мир в лучшую сторону...» — примеч. редактора).

Библия много говорит о проявлении заботы о бедных, но Иисус не был таким революционером. Истина в Иисусе, Он всегда за истину, но эта истина должна подтверждаться Писанием. Как вы можете соединить революционера, призывающего к свержению существующего порядка, с Писанием? Некоторые говорят по этому поводу, что нам нужна не революция насилия, а революция любви.

Как бы там ни было, всегда помните о том, что Иисус является истиной и Писание является истиной — они всегда находятся в согласии.

ДУХ ИСТИНЫ

Итак, мы продолжаем изучение темы: *«Что есть истина?»* В действительности, это вопрос идет очень глубоко и охватывает очень многое.

Мы рассмотрели два разных способа, которыми Библия отвечает на этот вопрос. Во-первых, Иисус говорит в Евангелии от Иоанна 14:6: *«Я есмь путь, и истина, и жизнь...»* Здесь Иисус дает Себя самого как ответ на этот вопрос. Он говорит: *«Я есмь истина»*.

Однако немного далее в Евангелии от Иоанна 17:17 в молитве к Отцу Иисус говорит следующее: *«Освяти их* (учеников) *истиной; слово Твое есть истина»*. Итак, мы видим, что истина находится: во-первых, в личности Иисуса; во-вторых, в Слове Божьем, в Писании. Другими словами, истина находится в Иисусе, как об этом свидетельствуется в Писании. Библейский портрет Иисуса дает нам истину об Иисусе, Который есть истина.

Мы говорили о том, что в наши дни людям навязываются различные образы Иисуса, которых Павел называет «иными Иисусами». Это «Иисусы», которые не подтверждаются Писанием. Я дал вам три примера, которые мы вкратце перечислим:

1. «Сентиментальный Иисус» — только любовь, никакого суда: *«Бог любит нас, а значит все прощает нам и все будет в порядке, как бы ты ни жил»*.
2. «Оккультный Иисус» — этакий «супер-гуру», делящийся мистическим знанием.
3. «Марксист-революционер», выступающий за захват имущества богатых и распределение его среди бедных.

Ни одно из этих описаний не соответствует Библейскому портрету Иисуса. Итак, не забывая, что Иисус является истиной, мы всегда должны выяснять, каким Писание открывает Иисуса.

В этой части я собираюсь поделиться с вами еще одним способом ответить на наш вопрос: *«Что есть истина?»* Мы рассмотрим то, что я называю «третьим измерением истины». Первым измерением истины является Иисус. Вторым измерением истины является Писание. Третьим измерением истины является Святой Дух. Вот что написал Иоанн — обратите внимание, это апостол Иоанн снова пишет об истине — в Первом послании Иоанна 5:6:

> *Сей есть Иисус Христос, пришедший водою и кровию (и Духом), не водою*

только, но водою и кровию; и Дух свидетельствует о Нем, потому что Дух есть истина.

Обратите внимание, что Дух (т.е. Святой Дух) — Он является истиной. Итак, это третье измерение. Во-первых, Иисус является истиной. Во-вторых, Писание является истиной. В-третьих, Святой Дух является истиной. Мы должны увидеть, что каждый из них подтверждает двух других. Иисус подтверждается Писанием, Писание подтверждается Святым Духом.

Видите ли, есть много проповедников, которые цитируют много мест Писания, однако они не всегда дают истину. Их мотивы могут быть нечистыми. Может быть они движимы похотью или жадность, или иметь какой-то дух заблуждения. Я не всегда готов принять за истину что-то, только из-за того, что оно наполнено цитатами из Писания. Более того, меня всегда настораживают люди, которые имеют полдюжины любимых мест Писания, которыми они постоянно щеголяют. Когда я слышу человека, который прячется за полудюжиной цитат, то, на самом деле, я практически на сто процентов уверен в том, что этот человек находится в заблуждении. И чем больше он пытается бомбардировать меня этими цитатами, тем меньше я верю ему.

Как видите, есть что-то еще — вот Иисус, вот Писание — но есть еще что-то неуловимое: Святой Дух. Он есть истина. Видите ли, истина об Иисусе и истина Писания — эта истина является сверхъестественной. Она не находится лишь на человеческом уровне. А сверхъестественная истина требует сверхъестественного подтверждения. Если же не так, то все выходит из баланса. Сам Иисус очень ясно сказал это Своим ученикам, что если они собираются найти истину и остаться в истине, то им необходимо будет быть зависимыми от Святого Духа.

Вот что Он сказал в Евангелии от Иоанна 14:25-26:

Сие сказал Я вам, находясь с вами. Утешитель же, Дух Святый, Которого пошлет Отец во имя Мое, научит вас всему и напомнит вам все, что Я говорил вам.

Таким образом, даже для того, чтобы помнить слова Иисуса, они должны были полагаться на Святой Дух, а не на свою естественную память. Вот почему мы можем полностью доверять точности записи Нового Завета, потому написание его не зависело только от точности человеческой памяти.

Далее опять Иисус сказал, Евангелие от Иоанна 16:12-14:

Еще многое имею сказать вам, но вы теперь не можете вместить. Когда же приидет Он, Дух истины, то наставит вас на (Новая Интернациональная версия: «введет вас во...») *всякую истину...*

Обратите внимание, Он говорит о Святом

Духе именно как о Личности. Иисус употребляет местоимение «Он», которое на языке оригинала использовалось только для обозначения личности.

> ...ибо не от Себя говорить будет, но будет говорить, что услышит, и будущее возвестит вам. Он прославит Меня, потому что от Моего возьмет и возвестит вам.

Как видите, Святой Дух является величайшим Истолкователем Иисуса и Писания. И мы зависим от Святого Духа в правильном их понимании. Затем Иисус говорит опять, и эти слова являются одними из последних, которые Он сказал Своим ученикам перед самым Своим вознесением, после того как Он воскрес из мертвых. Деяния 1:8:

> Но вы примете силу, когда сойдет на вас Дух Святый, и будете Мне свидетелями в Иерусалиме и во всей Иудее и Самарии и даже до края земли.

Как видите, чтобы быть верными свидетелями, они должны были иметь Святой Дух. Они имели сверхъестественное свидетельство, которому необходимо сверхъестественное подтверждение. Это было подтверждение Святого Духа. И снова мы читаем в Послании к Евреям 2:3-4:

> То как мы избежим, вознерадевши о толиком спасении, которое, быв сначала проповедано Господом, в нас утвердилось слышавшими от Него, при

засвидетельствовании от Бога знамениями и чудесами, и различными силами, и раздаянием Духа Святого по Его воле?

Обратите внимание, одна из причин, почему нам необходимо принять истину Писания об Иисусе, состоит в том, что она была сверхъестественным образом подтверждена Святым Духом. Таким образом, мы имеем эти три измерения истины: 1) Иисус являет истину; 2) Писание являет истину; и 3) Святой Дух (Дух истины) являет истину. Когда все они согласуются, тогда мы знаем, что имеем истину. Когда есть только два, и нет надежного подтверждения в третьем, то мы должны быть осторожны — не всегда это может оказаться истиной.

Проповедник может использовать много цитат из Писания и много говорить об Иисусе, но, тем не менее, не предоставлять нам истину. Или же он может иметь много сверхъестественной силы, но то, чему он учит, может не соответствовать Библии. Или же он может иметь много религиозной теории и теологии, но не чтить Иисуса и не давать Ему позиции, которая принадлежит Ему по праву. Поэтому, для того чтобы быть уверенными, чтобы знать, что мы находимся в истине, мы должны иметь всех трех вместе: Иисуса, Писание и сверхъестественное свидетельство Святого Духа.

В заключение, мне бы хотелось немного сказать об этом сверхъестественном свидетельстве Святого Духа, которое подтверждает истину. Мне бы хотелось прочитать — угадайте откуда? — из писаний апостола Иоанна. Вначале Первое послание Иоанна 2:18-21:

> *Дети! последнее время. И как вы слышали, что придет антихрист, и теперь появилось много антихристов, то мы и познаем из того, что последнее время. Они вышли от нас, но не были наши; ибо если бы они были наши, то остались бы с нами; но они вышли, и через то открылось, что не все наши.*

Здесь апостол Иоанн предупреждает христиан о людях, которые поначалу считали себя частью Церкви и, видимо, действительно были христианами — возможно, даже действительно были наделены дарами и талантами — но они не остались в истине. Поэтому Иоанн говорит, что вам надо быть на страже, в отношении этих людей. И вот каким образом мы можем быть на страже.

> *Впрочем, вы имеете помазание от Святого...*

Слово «помазание» всегда говорит нам о Святом Духе. Поэтому «помазание от Святого» это «помазание Святого Духа».

> *...и знаете все. Я написал вам не потому, чтобы вы не знали истины, но потому, что вы знаете ее, равно как и то, что всякая ложь не от истины.*

Итак, Иоанн говорит, что время от времени вам предстоит встречаться с обманщиками и обольстителями. Но вам нет необходимости попадать под их влияние, потому что вы имеете это помазание Святого Духа. И как только вы встретились с чем-то лживым, даже если это звучит очень религиозно, внутри вас есть что-то — там начинает мигать маленькая сигнальная лампочка, которая говорит: *«Будь осторожен — он не тот, кем кажется»*. Это мы называем свидетельством Святого Духа.

Дорогие друзья, это не просто что-то, что может быть не помешает в духовной жизни — это то, в чем все мы нуждаемся, особенно в последнее время, когда обольщение стремительно увеличивается по всем направлениям. Сказано, что помазание Святого пребывает в нас и мы знаем все. Мы должны иметь это пребывающее помазание.

Затем, немного далее в той же самой главе, Первое послание Иоанна 2:26-27:

Это я написал вам об обольщающих вас.

Новая Интернациональная версия: *«... о тех, кто пытается вести вас в заблуждение»*. Как видите, будут люди, которые попытаются ввести вас в заблуждение.

Впрочем, помазание, которое вы получили от Него, в вас пребывает, и вы не имеете нужды, чтобы кто учил вас; но как самое сие помазание учит вас всему, и оно истинно и неложно, то, чему оно научило вас, в том пребывайте.

Поэтому, когда приходят люди, которые пытаются ввести вас в заблуждение, то одним из способов разоблачить их намерения — это проверить, как Святой Дух в вас реагирует на их действия. Одобряет Он их или нет? Это помазание, которое учит. Это помазание истинно и неложно. Оно свидетельствует истину. Оно отвергает заблуждение. В большинстве переводов слова Иоанна звучат так: *«... есть истина, и это не ложь»*. Иоанн говорит очень простым, но, вместе с тем, практическим языком: мы знаем, что истина — это одно, а ложь — это другое. Если что-то не соответствует истине, значит это ложь.

Итак, для нашей безопасности Бог дал нам все эти три критерия истины: Иисуса, Писание и Святой Дух.

КАК МЫ ДОЛЖНЫ РЕАГИРОВАТЬ НА ИСТИНУ?

Итак, мы заканчиваем исследование нашей темы: *«Что есть истина?»* Мы уже рассмотрели то, что я называю, тремя измерениями истины: 1) Иисус, 2) Писание, 3) Святой Дух. Мы говорили о том, что нам необходимо иметь взаимосвязь всех трех. Сегодня есть люди, которые проповедуют такого «Иисуса», который не соответствует Писанию, которого Павел называет «иным Иисусом». Поэтому, когда мы слышим проповедь об Иисусе, нам необходимо проверить ее согласно Писанию.

Затем, есть люди, которые цитируют много отрывков Писания, однако не имеют чистых мотивов. Они мотивированы похотью, или желанием использовать других людей для свое финансовой выгоды, или ради своих амбиций. И мы находим, что, не смотря на то, что они много цитируют Писание, и, возможно, много рассуждают об Иисусе, но Дух Святой не помазывает это. Святой Дух, находящийся в нас, не реагирует на то, что они пытаются преподнести.

Таким образом, все три критерия истины должны сочетаться друг с другом. И когда они все находятся в согласии друг с другом, тогда мы знаем — это истина. Тогда мы можем доверять этому, мы можем положиться на это, мы можем жить и двигаться в этом.

Позвольте мне еще раз перечислить все три критерия: *Иисус, Писание и Святой Дух*.

В нашей заключительной части на эту тему мы рассмотрим вопрос, который имеет крайнюю важность для каждого из нас: *как нам реагировать на истину?* Надо сказать, что наш ответная реакция на истину определит нашу судьбу. Это не какой-то незначительный вопрос. Это наиболее жизненно важный вопрос, наш ответ на который является ключевым для нас не только во времени, но и в вечности: встречаясь с истиной, как мы реагируем на нее?

Хочу сразу сказать, что мы не можем позволить себе реагировать так, как это сделал Пилат. Вы помните, что он сделал? Он спросил: *«Что есть истина?»* А потом послал за сосудом с водой и умыл свои руки, говоря: *«Это не моя ответственность... Это ответственность других...».* Однако он не сможет оправдаться этим. Простое публичное умытие рук не освободило его от ответственности. Повстречав истину, мы не сможем уклониться от ответа. Так или иначе, но мы должны будем отреагировать. Когда мы встречаемся лицом к лицу с истиной, тогда нет места нейтралитету.

Итак, в этой части я собираюсь поделиться с вами другим серьезным предупреждением против обольщения. Оно находится в написанном апостолом Павлом Втором послании Фессалоникийцам 2:7-12:

> *Ибо тайна беззакония уже в действии, только не совершится до тех пор, пока не будет взят от среды удерживающий теперь, — и тогда откроется беззаконник, которого Господь Иисус убьет духом уст Своих и истребит явлением пришествия Своего, того, которого пришествие, по действию сатаны, будет со всякою силою и знамениями и чудесами ложными, и со всяким неправедным обольщением погибающих за то, что они не приняли любви истины для своего спасения. И за сие пошлет им Бог действие заблуждения, так что они будут верить лжи, да будут осуждены все, не веровавшие истине, но возлюбившие неправду.*

Это серьезные слова. Мне бы хотелось указать на некоторые важные выводы, которые следуют из этих слов. Во-первых, сатана может производить поддельные чудеса. Павел говорит, что пришествие беззаконника будет сопровождаться действием сатаны, демонстрирующим всякого рода ложные чудеса. Одно то, что мы встретились с каким-то чудом, с чем-то сверхъестественным, совсем не гарантирует, что мы встретились с истиной. Мы должны иметь те три измерения, о которых мы говорили ранее.

Во-вторых, очень важно увидеть (пожалуй, это самое основное), что сатанинское обольщение не удерживает беззаконие. Эта личность названа *беззаконником*. Он демонстрирует фальшивые чудеса, но они исходят из беззакония. Они не исходят из праведности и святости. Поэтому, когда мы встречаемся с чем-то, что может быть сверхъестественным, что может иметь мощную эффектную презентацию мы должны спросить себя: *«Что это производит во мне? Помогает ли это мне оставить беззаконие? Приводит ли это мою жизнь в подчинение требованиям Божьим, требованиям праведности и святости? Делает ли это меня более лучшим служителем для окружающих меня людей? Производит ли это во мне любовь к Богу и любовь к ближнему, что является истинной целью настоящей христианской веры?»* Если нет, то даже если это выглядит в высшей степени сверхъестественно, однако отрицательный ответ на эти вопросы является свидетельством, что это в действительности не является действием Святого Духа — это не от Бога, потому что Святой Дух является Духом святости.

Где бы Он ни проявлялся, и где Ему не предоставлялась возможность действовать так, как Ему угодно — обязательным результатом этого в нашей жизни будет возрастание святости, но не беззакония. Поэтому помните об этом всегда. Один из способов проверки происходящего, заключается в том, чтобы выяснить ответ на вопрос: как это влияет на наш образ жизни? Помогает ли это вам жить праведной и святой жизнью? Приближает ли это вас к Богу, наполняет ли Его природой праведности и святости?

В-третьих, обратите внимание, что Павел говорит об этих людях, которые приняли обольщение: они погибают за то, что отвергли любовь к истине. Как видите, в конечном итоге это решение воли: они могли принять, но они отвергли... Они не захотели сделать это. Поэтому то как мы будем реагировать на истину — это не вопрос просто абстрактных интеллектуальных рассуждений, это вопрос применения нашей воли. И я снова должен сказать о том, что здесь нет нейтралитета — я готов подчеркивать это снова и снова — важность этой истины невозможно переоценить. Если мы хотим отреагировать правильно, тогда мы должны возлюбить истину. Мы должны быть не просто не против нее, просто принимать ее, или пытаться войти в компромисс с ней: *мы должны возлюбить ее*. Те люди, о которых Павел предупреждает нас, погибают за то, что они не возлюбили истины.

В-четвертых, отвержение истины открывает нас для действия заблуждения. Большинство современных переводов говорит примерно следующее: *«за это Бог отдаст их во власть сильного заблуждения, так что они будут верить лжи»*. По какой причине? Потому что они отвергли любовь истины. Это открывает их к заблуждении. Для меня это одно из самых удивительных мест Писания. Один из современных переводов говорит: *«Бог отдаст их во власть сильного заблуждения...»* Осознаете ли вы это? Как видите, Бог не потерпит того, что мы начнем играть с истиной. Он будет очень терпелив и милостив к нам в том случае, если увидит, что поступаем искренне и хотим посвятить себя истине. Но если Он увидит, что встретившись с ясной истиной, увидев реальную суть, люди не захотели посвятить себя истине и принять любовь истины, тогда последует самое суровое Божье осуждение таким людям — Он пошлет им сильное заблуждение. Это суд Божий! Но это суд Божий над теми, кто отказался от любви истины.

Наконец, пятый момент комментария этих слов Павла. Действительным мотивом, почему люди отказались от истины, является то, что им нравится нечестие. Сказано: *«да будут осуждены все, не веровавшие истине, но возлюбившие неправду»* (расширенный перевод: *находящие удовольствие в неправедном и неверном, в беззаконии и грехе)*».

Видите ли, за всей этой сегодняшней дымовой завесой рассуждений и интеллектуальных затруднений по поводу истины, люди стараются спрятать свою реальную мотивацию. Они знают, что истина Божья требует от них перестать делать и любить грех, и вести благочестивый и святой образ жизни, но они не хотят делать это. Таким образом, они отвергают истину, потому что она говорит о том образе жизни, которым они должны жить.

Позвольте повторить эти пять моментов, которые мы видим в словах Павла:

1. Сатана может производить ложные чудеса.

2. Результатом сатанинского обольщения никогда не будет обуздывание и сдерживание беззакония, обольщение не изменяет наш характер.

3. Люди гибнут, потому что они отказываются любить истину. Зная истину нельзя оставаться нейтральным.

4. Отвержение истины передает людей во власть сильного обольщения.

5. Действительный мотив, почему люди отвергают истину, состоит в том, что им нравится неправда и нечестие.

Теперь давайте посмотрим на альтернативу — на позитивную сторону вопроса. В следующем же стихе Павел пишет, Второе послание Фессалоникийцам 2:13:

> *Мы же всегда должны благодарить Бога за вас, возлюбленные Господом братия, что Бог от начала, через освящение Духа и веру истине, избрал вас ко спасению.*

Позвольте подчеркнуть две последние фразы: *«через освящающую работу Святого Духа и через веру истине»* (Новый Интернациональный перевод).

В этом одном стихе содержится четыре истины. Во-первых, все исходит из Божьего избрания. *«Мы благодарим Бога за вас, братья, потому что от начала Бог избрал вас»* (Новый Интернациональный перевод).

Во-вторых, при воплощении Божьего избрания, действует Святой Дух. Он ведет и отделяет нас. Освящающая работа Святого Духа приводит нас туда, где мы встречаемся с истиной в личности Иисуса.

В-третьих, это благодаря Святому Духу мы становимся способны поверить истине, которая открывается в Иисусе. Вера приходит нам благодатью Святого Духа и зависит от Него.

И, наконец, в-четвертых, в результате веры истине мы спасаемся.

Позвольте мне просто повторить это еще раз:
1. Все происходит из Божьего избрания.
2. Божье избрание осуществляется через водительство Святого Духа.
3. Благодаря Святому Духу мы становимся способны поверить истине, которая в Иисусе.

4. В результате веры истине мы спасаемся. Благодарение Богу, за наше спасение благодаря истине!

В заключение, позвольте мне еще раз назвать три критерия истины, которые мы рассмотрели в нашем исследовании. Во-первых, Иисус. Во-вторых, Писание. В-третьих, Святой Дух. Когда мы видим, как все три критерия сочетаются друг с другом, когда между ними есть гармония, тогда мы знаем, что имеем истину. Мы можем строить свою жизнь согласно этой истины, мы можем иметь уверенность и безопасность.

ОБ АВТОРЕ

Дерек Принс родился в Индии в семье британских подданных. Он изучал филосо-фию, а также древнегреческий и латинский языки в самых известных учебных заведениях Великобритании — Итон-колледже и Кэмбриджском университете. Он также изучал иврит и арамейское наречие в Кэмбридже и Иерусалимском Еврейском университете.

В начале Второй мировой войны, находясь на службе в медицинском подразделении Королевской армии Великобритании, Дерек пережил сверхъестественную встречу с Иисусом Христом, которая изменила всю его жизнь. Вот что он свидетельствовал об этом:

«В результате этой встречи я сделал два вывода на всю свою оставшуюся жизнь: во-первых, что Иисус Христос жив; во-вторых, что Библия является истинной, важной и современной книгой. Эти два вывода коренным образом и навсегда изменили всю мою жизнь».

С тех пор Дерек Принс посвятил свою жизнь практическому исследованию Библии. Его всегда будут помнить за вклад в назидание Церкви и учение об освобождении от проклятия, месте Израиля в Божьем плане, основах учения Христова, освобождении от бесов, силе провозглашения, посте и молитве, событиях в конце времен в свете Писаний.

Основной дар Дерека Принса — толкование Библии ясным и простым образом. Неденоминационный, несектантский подход к истинам Писания сделал его учение доступным для людей разных национальностей и религиозных взглядов.

Его ежедневные радиопередачи "Ключи к успешной жизни" достигают 6-ти континентов и звучат на арабском, китайском, малайском, монгольском, русском, испанском и других языках и наречиях.

Он является автором более 40-ка книг, более 450-ти аудио- и 150-ти видеокассет для обучения, многие из которых были переведены и изданы на более чем 60-ти языках.

Миллионы верующих по всей земле считают Дерека Принса своим наставником и отцом в вере.

Дерек Принс
ЗАЩИТА ОТ ОБОЛЬЩЕНИЯ
ЧТО ЕСТЬ ИСТИНА

Подписано в печать 03.12.2010г. Формат 84×108 $^1/_{32}$
Печать офсетная. Тираж 10 000 экз.
Заказ № 2888 (10173А)

Отпечатано в типографии "Принткорп",
ЛП № 02330/04941420от 03.04.02009.
Ул. Ф.Скорины 40, Минск, 220141. Беларусь.